조이스티치의
갖고 싶은 프랑스 자수

조이스티치의
갖고 싶은 프랑스 자수

박동미 지음

자수는 저에게 즐거움이고 기쁨이고 열정이고 만족입니다.

우울한 날 마음을 잡아 주고,

떠다니는 고민들에서 탈출시켜 주며,

완성된 작품을 통해 기쁨과 만족을 느끼게 해주었습니다.

또한 더 좋은 작품을 만들고 싶은 열정으로

저의 시간과 삶은 매 순간 설레게 되었습니다.

저의 삶과 시간이 자수로 인해 'joy'가 가득하게 되었던 것처럼

이 책을 통해 자수를 접하게 된 모든 분들도

'조이스티치'하게 되기를 바랍니다.

joy stitch

Contents

8 / 66   우아한 발레리나 *Graceful Ballerina*

10 / 68   커피 향기 가득한 키친 클로스 *Kitchen Cloth with Coffee Scent*

12 / 70   달콤한 디저트 키친 클로스 *Kitchen Cloth with Sweet Dessert*

14 / 72   사랑스러운 메이크업 일러스트 *Lovely Makeup Illustration*

16 / 76   앞치마를 입은 예쁜 토끼 *Pretty Rabbit in an Apron*

18 / 78   귀여운 작은 꽃 *Cute Little Flowers*

20 / 80   꽃을 담은 하트 *Heart Filled with Flowers*

22 / 82   숲속의 오후 곰돌이의 티타임 *A Bear's Afternoon Tea Time in the Woods*

24 / 88   안경 쓴 오드아이 고양이 *Odd Eye Cat with Glasses*

26 / 90   즐거운 가드닝 일러스트 *Joyful Gardening Illustration*

28 / 96   귀여운 꿀벌 *Cute Bee*

30 / 98   청량한 푸른빛 여름 일러스트 *Ocean Blue Summer Illustration*

32 / 102   라탄 일러스트 *Rattan Products Illustration*

34 / 106   보라빛 가득한 꽃자수 운동화 *Purple Flower Embroidered Sneakers*

36 / 108   가을 감성 일러스트 *Autumn Vibes Illustration*

38 / 112   레트로 주전자 *Retro Kettles*

40 / 116   빈티지 찻잔 *Vintage Teacups*

42 / 120   남자 웨딩 일러스트 *Bridegroom Illustration*

44 / 126   크리스마스 카드 *Christmas Card*

46 / 128   눈 내리는 마을 *Snowy Village*

48 / 재료 소개

52 / 자수 준비하기

54 / 자수 마무리하기

55 / 마카 자수하는 방법

56 / 책에서 사용한 스티치 기법

65 / 자수 도안집

우아한 발레리나
Graceful Ballerina

How to make_ p.66

커피 향기 가득한 키친 클로스
Kitchen Cloth with Coffee Scent

How to make_ p.68

달콤한 디저트 키친 클로스
Kitchen Cloth with Sweet Dessert

How to make_ p.70

사랑스러운 메이크업 일러스트
Lovely Makeup Illustration

How to make_ p.72

앞치마를 입은 예쁜 토끼
Pretty Rabbit in an Apron

How to make_ p.76

귀여운 작은 꽃
Cute Little Flowers

How to make_ p.78

꽃을 담은 하트
Heart Filled with Flowers

How to make_ p.80

숲속의 오후 곰돌이의 티타임
A Bear's Afternoon Tea Time in the Woods

How to make_ p.82

안경 쓴 오드아이 고양이
Odd Eye Cat with Glasses

How to make_ p.88

즐거운 가드닝 일러스트
Joyful Gardening Illustration

How to make_ p.90

귀여운 꿀벌
Cute Bee

How to make_ p.96

청량한 푸른빛 여름 일러스트
Ocean Blue Summer Illustration

How to make_ p.98

라탄 일러스트
Rattan Products Illustration

How to make_p.102

보라빛 가득한 꽃자수 운동화
Purple Flower Embroidered Sneakers

How to make_ p.106

가을 감성 일러스트
Autumn Vibes Illustration

How to make_ p.108

레트로 주전자
Retro Kettles

How to make_p.112

빈티지 찻잔
Vintage Teacups

How to make_p.116

남자 웨딩 일러스트
Bridegroom Illustration

How to make_p.120

크리스마스 카드
Christmas Card

How to make_ p.126

눈 내리는 마을
Snowy Village

How to make_ p.128

재료 소개

실과 원단

1 DMC 울사 : 통통하고 따뜻한 느낌의 태피스트리 울사로 뜨게실 같은 느낌을 준다. 굵은 입체감을 표현할 때 사용한다. 1줄을 통째로 사용한다.

2 DMC 4번사 : 다른 울실들에 비해 무게감이 있고 광택이 없으며 면사의 꼬임이 매력적인 울사이다. 주로 굵은 입체감을 주는 자수에 사용하며 이 책에서는 1줄을 통째로 사용한다.

3 애플톤 울사 : 양털로 만든 날리는 느낌의 화사하고 색감이 예쁜 실이다. 다른 울실에 비해 얇으나 세밀한 자수를 놓을 수 있다.

4 DMC 25번사 : 면실로 6가닥이 한 줄로 합쳐져 있다. 원하는 실의 수만큼 갈라서 사용한다.

5 덴마크 꽃실 : 포근하고 차분한 느낌의 울사이다. DMC 25번사 2가닥과 비슷한 굵기의 매트한 면실이다.

6 원단 : 주로 린넨과 기계무명원단을 사용하여 자수했다. 린넨과 무명은 늘어나지 않으며 바늘이 잘 들어가는 적당한 두께감의 원단으로 자수놓기에 좋다.

마카와 메탈릭사, 고무 골무

1 코픽 스케치 마카 : 전문가용 채색마카로 색이 원단에 자연스럽게 스며들고 채색이 예쁘게 표현된다. 그러나 패브릭마카와 달리 물에 젖으면 번지기 때문에 주로 소품보다는 작품에 사용된다. 잘 스며드는 만큼 잘 번지는 특성 때문에 도안의 라인에 맞추어 채색하기보다는 도안의 안쪽에 채색한 후 번짐을 보고 남은 부분을 채색하도록 한다.

2 코스모 니시키토실 : 고급스러운 색감과 광택이 예쁜 메탈릭사이다. 번호에 따라 두 종류의 굵기가 있는데 아주 얇은 비닐 느낌의 실과 일반 메탈릭사 굵기의 실이 있다.

3 코스모 라메실 : 화려하고 반짝임이 좋은 메탈릭사로 부드럽고 색감이 예쁘다.

4 DMC 메탈릭사 ART : 적당한 광택과 굵기로 세련된 느낌의 메탈릭사이다.

5 고무 골무 : 손가락을 보호하기 위해 사용하며 주로 자수하기 힘든 뻣뻣한 원단에 수를 놓거나 바늘이 잘 빠지지 않을 때 사용한다. 이 책에서는 운동화에 자수를 놓을 때 유용하게 사용하였다.

기본 도구

1 울사 전용 바늘 : 울사와 두꺼운 면사에 쓰는 바늘로 바늘의 두께가 굵고 바늘귀가 크다.

2 클로버 자수 바늘 : 사용하는 실의 가닥수에 따라 바늘의 굵기를 선택하여 사용한다. 25번사의 경우 1~2가닥은 8~9호, 3~4가닥은 5~7호, 5~6가닥은 3~4호를 사용한다.

3 트레이싱 페이퍼 : 도안을 옮겨 그릴 때 사용하는 투사지이다.

4 수용성 심지 : 도안을 옮겨 그리기 힘든 원단이나 검은 원단에 사용한다. 심지 위에 도안을 그린 후 원단에 고정하여 그 위에 자수한다. 완성 후 물에 담그면 심지가 사라진다. 이 책에서는 운동화에 자수를 놓을 때 사용하였다.

5 초크페이퍼(먹지) : 천에 도안을 옮겨 그릴 때 사용한다.

6 수성펜 : 원단에 도안을 직접 그릴 때 사용하며 물에 지워진다.

7 볼펜 : 철필과 같은 용도로 먹지에 도안을 그릴 때 사용하며 뾰족한 볼펜이 잘 그려진다.

8 수틀 : 원단과 실의 장력을 잡아 주어 자수를 예쁘게 놓을 수 있도록 한다.

9 자수용 가위 : 자수실의 끝을 정리할 때 사용하며 엉킨 실을 풀거나 다듬을 때도 사용한다.

비즈 도구

1. 비즈 전용 실 : 비즈 자수를 할 때 일반실의 경우 비즈와 같은 색의 실, 또는 원단과 같은 색의 실 2가닥을 사용하여 자수를 한다. 하지만 투명한 비즈 전용실을 사용하면 비즈 주변에 실자국을 남기지 않고 깔끔하게 자수할 수 있다.

2. 비즈 전용 바늘 : 바늘의 두께가 무척 가늘어 다양한 사이즈의 비즈를 자수할 수 있다. 단, 너무 가늘어 부러지기 쉽다.

3. 비즈 : 비즈는 다양한 크기와 모양이 있다. 비즈의 색감과 입체감은 자수에 포인트를 주고 입체감을 살려 준다. 이 책에서는 2~3mm의 씨드비즈를 사용하여 자수했다.

자수 준비하기

1. 도안 옮기기

도안 위에 트레이싱 페이퍼를 올려 놓고 연필로 따라 그린다.
원단 - 먹지 - 트레이싱 페이퍼 - 비닐 또는 셀로판지 순으로 놓고 힘을 주어 도안을 그린다.
그릴 때는 반드시 시침핀으로 고정하여 도안이 움직이지 않도록 한다.

 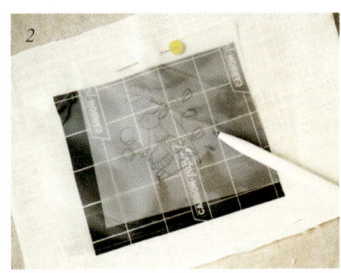

2. 수틀 끼우기

수틀의 안쪽과 겉쪽을 분리한 후 나사가 없는 안쪽 수틀을 원단 아래에 놓는다.
나사가 있는 수틀을 원단 위에 끼운 후 나사를 조여 원단을 팽팽하게 한다.

3. 바늘 끼우기

자수실을 바늘에 반으로 접어서 걸어 납작하게 해준 후 접힌 부분을 바늘귀에 통과시킨다.

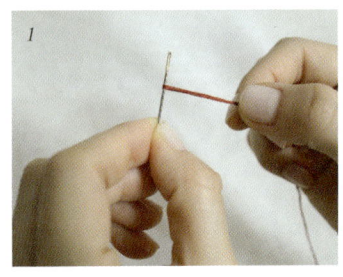 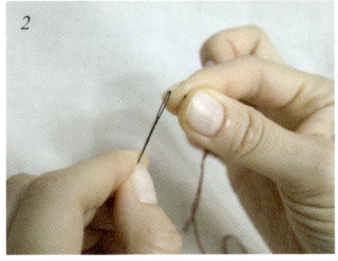 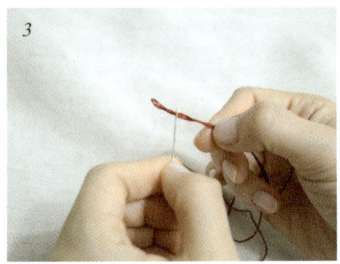

4. 실 매듭짓기

매듭이 될 실의 끝부분을 1cm 정도 남겨 두고 그 위에 바늘을 올린다.
바늘에 실을 두세 번 감아 준 후 감은 실을 잡아 끝까지 당겨 준다.

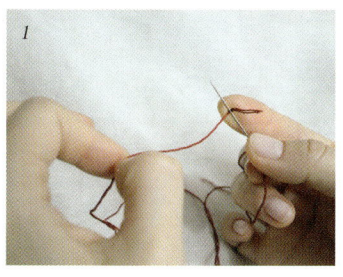  

5. 마무리하기

＊라인을 자수한 경우 마무리
　뒷면의 땀 사이로 여러 번 통과시켜 준 후 잘라 준다.

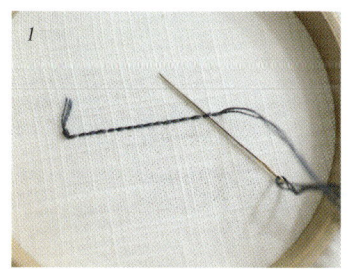  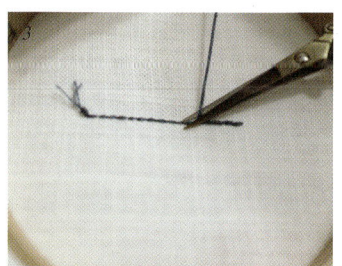

＊면적을 자수한 경우 마무리
　자수할 윗부분에 매듭이 오도록 한 후 한 땀 뜨고 자수를 해준다. 자수를 중간 정도 한 후 매듭을 잘라 준다.
　자수가 끝난 후 자수놓은 뒷부분의 안쪽을 여러 번 통과시킨 후 잘라 준다.

자수 마무리하기

1. 수틀 액자 만들기

수틀 밖으로 3~4cm 정도 남겨 두고 동그랗게 원단을 자른다.
원단 끝부분을 홈질한 후 매듭짓지 않은 상태로 잡아당겨 조여 준 후 마무리한다.

2. 캔버스 액자 만들기

캔버스 사이즈보다 5cm 정도 여유 있게 원단을 자른 후 바짝 잡아당겨 네 면을 건타카로 고정해 준다.
원단의 모서리를 캔버스 끝부분에 맞춰 접은 후 건타카로 고정해서 마무리한다.

마카 자수하는 방법

1. 채색을 하기 전 먼저 도안을 그리고 수틀을 끼워 준비한다. 원단에 채색 시 패브릭 마카에 비해 번짐이 심해서 수틀에 끼워 바닥과 공간을 띄어 채색을 해야 제대로 원단에 스며드는 정도를 볼 수 있다. 코픽 마카는 번짐은 심하지만 원단에 잘 스며들어 발색이 좋은 특징이 있다.

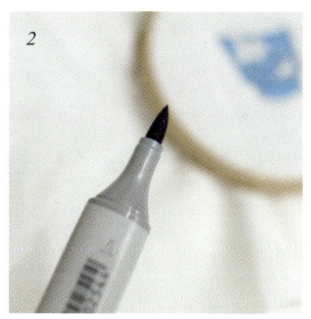 

2. 칠하는 부분은 주로 붓 모양 쪽을 사용하여 자연스럽게 붓으로 칠하듯이 채색해 준다.

3. 도안 라인에 맞춰 색을 칠하면 도안 밖으로 번지는 일이 잦다. 따라서 라인 안쪽에 공간을 두고 색을 칠한 후 번짐의 정도를 보고 채색을 해주는 것이 좋다.

4. 색을 칠한 후 색이 덜 스며든 곳을 다시 덧칠해서 깔끔하게 채색해 준다. 채색이 끝난 후 자수로 마무리해 준다. 채색이 들어간 자수는 항상 채색을 먼저하고 그 후에 자수를 해주어야 깔끔하고 예쁘게 보인다.

책에서 사용한 스티치 기법

1. 스트레이트 스티치 Straight stitch

자수의 가장 기본적인 스티치이다. 원하는 길이만큼 한 땀씩 수놓는다.

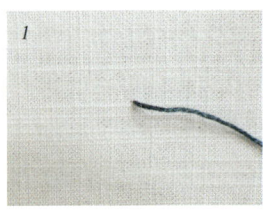

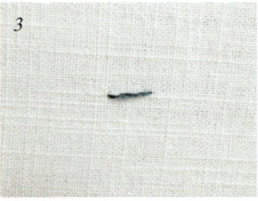

2. 러닝 스티치 Running stitch

일정한 간격으로 바늘을 넣고 빼기를 반복하여 수놓는다.

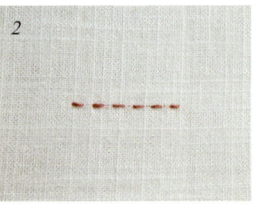

3. 아웃라인 스티치 Outline stitch

도안의 라인이나 외곽선을 표현할 때 자주 사용하는 스티치이다. 일정한 간격으로 꼬임이 생겨 밧줄 모양같이 보인다. 곡선이거나 휘어짐이 커질 때는 땀을 줄여서 스티치하면 예쁘게 자수된다.

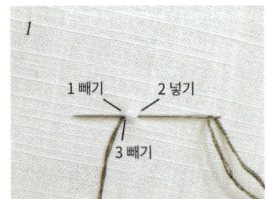

4. 아웃라인 필링 스티치 Outline filling stitch

아웃라인 스티치를 반복하여 면적을 채우는 스티치 기법이다.

4. 백 스티치 Back stitch

박음질이라고도 하며 단단하게 바느질된다. 라인이나 글씨 등 곡선이 심하게 휘어지는 도안도 자수놓기에 좋다.
한 땀만큼 되돌아가면서 수놓는다.

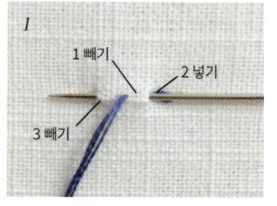 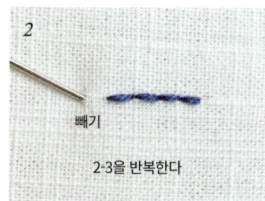 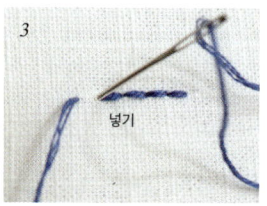 

5. 백 필링 스티치 Back filling stitch

백 스티치로 면적을 채우는 기법이다.
백 스티치의 땀이 일정하게 끝나지 않도록 앞줄의 백 스티치와 엇갈려서 면적을 채운다.

6. 휘프트 백 스티치 Whipped back stitch

백 스티치 한 땀마다 다른 색의 실을 통과시켜 휘감아 준다. 라인을 꾸며 주는 스티치이다.

7. 레이지 데이지 스티치 Lazy daisy stitch

꽃잎이나 잎사귀를 표현할 때 주로 사용하는 스티치이다.

8. 체인 스티치 Chain stitch

사슬 같은 모양으로 두꺼운 라인이나 면적을 채울 때 주로 사용한다.

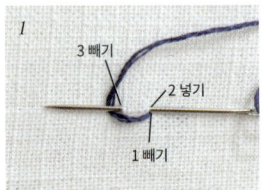 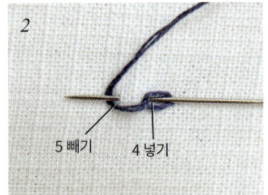 

9. 휘프트 체인 스티치 Whipped chain stitch

체인 스티치 후 한 개의 고리마다 다른 실을 통과해서 휘감아 준다. 두께감 있는 굵은 라인을 꾸며 준다.

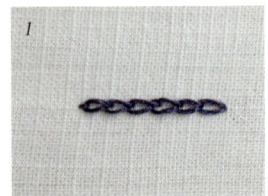  

10. 휘프트 체인 새틴 스티치 Whipped chain satin stitch

체인 스티치 후 한 개의 고리마다 같은 색의 실을 여러번 통과해서 새틴하듯 휘감아 준다.
오버캐스트 스티치와 비슷한 모양이나 좀 더 입체적이고 쉽게 라인을 자수할 수 있다.

11. 프렌치 노트 스티치 French knot stitch

작은 매듭을 만드는 스티치로 작은 점이나 꽃의 수술을 수놓거나 면적을 채울 때도 사용한다.
실을 바늘에 2~3번 감아 빼낸다.

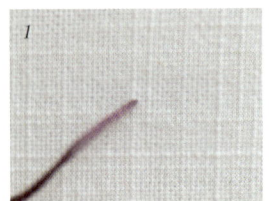  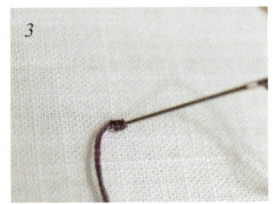 

12. 플라이 스티치 Fly stitch

날아가는 모양을 닮은 스티치로 주로 식물의 줄기나 나뭇가지를 표현할 때 쓰인다.

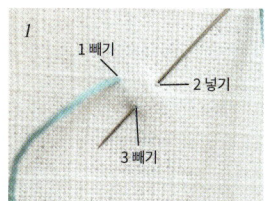 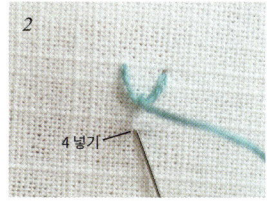  

13. 플라이 리프 스티치 Fly leaf stitch

플라이 스티치를 잎의 모양에 따라 채워 주는 스티치이다. 잎맥이 도드라지는 잎모양이다.

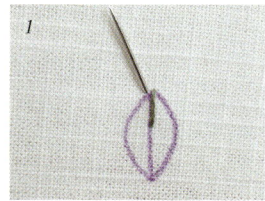   

14. 페더 스티치 Feather stitch

양쪽을 번갈아 가면서 플라이 스티치를 해주는 기법으로 꾸며 주는 각도와 방향에 따라 모양이 달라진다

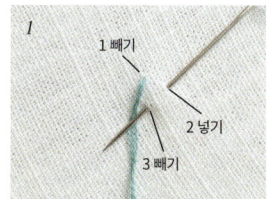 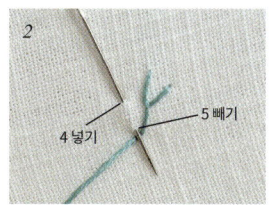 

15. 블랭킷 스티치 Blanket stitch

담요의 가장자리를 처리해 줄 때 사용하는 방법으로 90도 각도로 연속하여 수놓는다.

  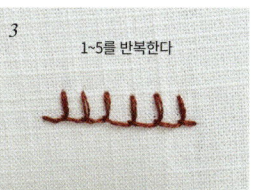

16. 블랭킷 휠 스티치 Blanket wheel stitch

블랭킷 스티치를 원에 맞춰 수레바퀴 모양으로 자수하는 기법이다.

 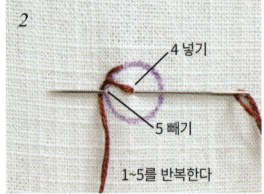  

17. 새틴 스티치 Satin stitch

스트레이트 스티치를 연속하여 수놓아 면적을 채우는 대표적인 스티치이다.
분할하여 도안의 가운데에서부터 자수하면 결을 고르게 하기 좋다.

 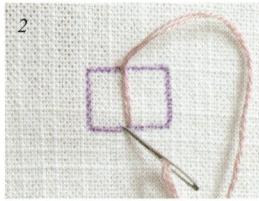  

18. 잎 새틴 스티치 Leaf satin stitch

잎의 중심에 절반 길이의 스트레이트를 놓고 스트레이트 끝에 맞춰 사선으로 잎 모양 도안을 따라 새틴한다.
한쪽 면을 자수한 후 반대쪽도 자수한다.

19. 휠 스티치 Wheel stitch

스트레이트로 대를 세운 후 휘감아 대가 도드라지게 면적을 채우는 기법이다.

20. 스파이더웹 로즈 스티치 Spider web rose stitch

거미가 집을 짓듯이 실을 휘감아 꽃을 만들어 주는 스티치이다.
스트레이트로 5개의 선을 자수한 뒤 중심에서 가까운 곳에서 바늘을 뺀다.
한 칸씩 건너뛰며 스트레이트가 사라질 때까지 감아 준다.

 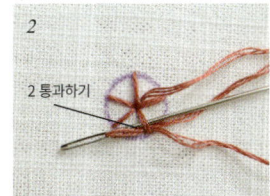  

21. 롱앤숏 스티치 Long and short stitch

면적을 채우는 데 쓰이는 스티치로 롱과 숏의 길이로 반복하여 스트레이트 스티치하여 자수한다.
첫 번째 단은 롱과 숏으로 채워 주고 두 번째 단부터는 숏의 자리에 일정한 길이로 수놓는다.
면적을 분할하여 정형적으로 수놓는 방법과 도안의 형태와 흐름을 따라 비정형적으로 수놓는 방법이 있다.

  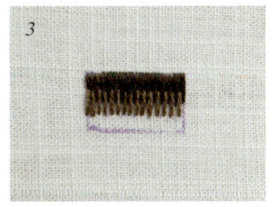 

22. 바스켓 스티치 Basket stitch

라탄 느낌의 바구니, 짜임이 있는 면적을 채우기 좋은 스티치이다.
스트레이트 스티치로 대를 세운 후 위빙을 하듯 대를 통과하여 자수한다.

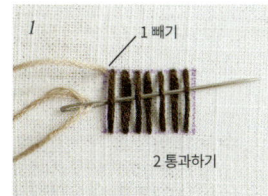 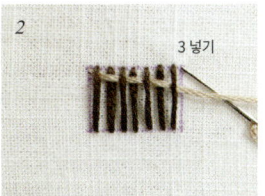  

23. 블리온 스티치 Bullion stitch

바늘에 실을 여러 번 감아서 자수놓는 입체감 있는 스티치이다. 감는 횟수와 땀의 길이에 따라 모양이 달라진다.

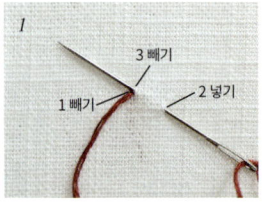  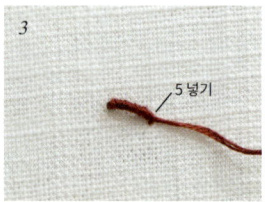 

24. 블리온 링 스티치 Bullion ring stitch

땀을 조금 떠서 블리온 스티치하여 작은 고리 모양이 되도록 자수한다.

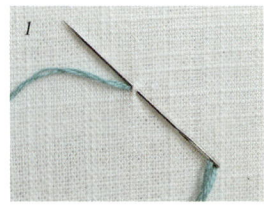 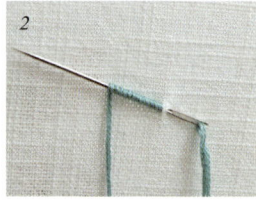  

25. 블리온 로즈 스티치 Bullion rose stitch

블리온 스티치를 장미꽃잎처럼 감싸서 돌아가며 수놓는다.

 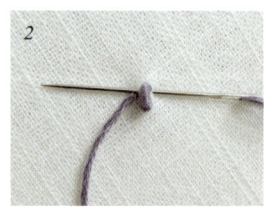  

26. 캐스트온 스티치 Cast on stitch

뜨개를 하듯 바늘에 코를 만들어 자수하는 입체기법이다.

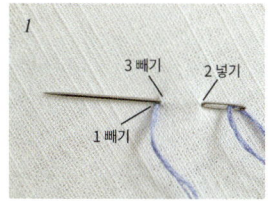 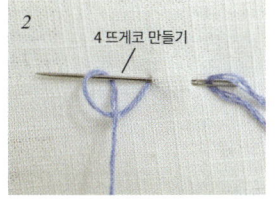 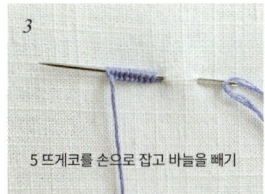 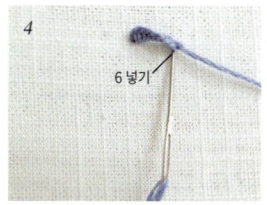

27. 캐스트온 로즈 스티치 Cast on rose stitch

캐스트온 스티치를 블리온 로즈 스티치와 같은 방법으로 감싸서 돌아가며 장미꽃을 만든다.

28. 터키워크 스티치 Turkey work stitch

고리를 만들고 끝을 다듬어 풍성한 효과를 주는 입체스티치이나. 꽃이나 동물의 털을 표현하기 좋다.

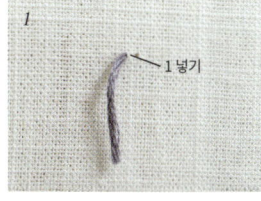  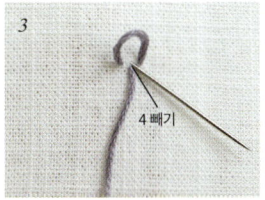 

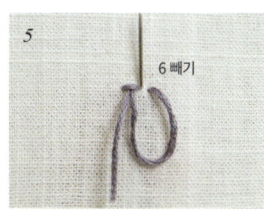   

29. 오버캐스트 스티치 Overcast stitch

라인을 볼륨 있게 수놓는 기법이다. 먼저 아웃라인 스티치를 놓아 심지를 만들고 심지를 새틴으로 감싸 주며 수놓는다.

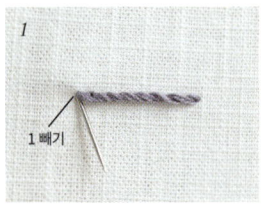 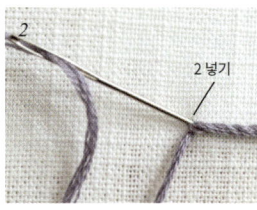 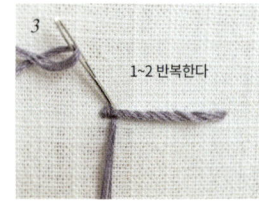 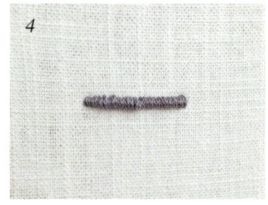

30. 브레이드 스티치 Braid stitch

볼륨감 있는 장식모양의 스티치로 굵은 선을 표현하거나 꾸며 준다.

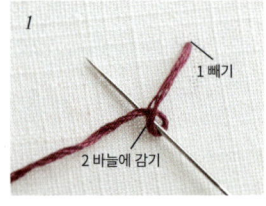 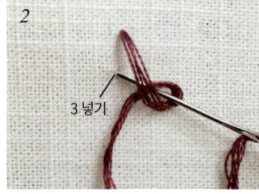  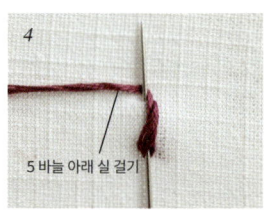
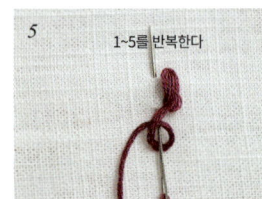   

31. 비즈 고정하기

비즈와 같은 색의 실 또는 비즈 전용 실을 사용하여 2번씩 통과하여 고정한다.

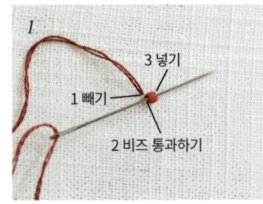 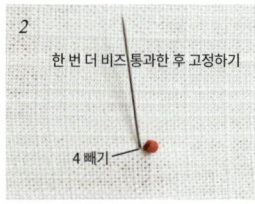 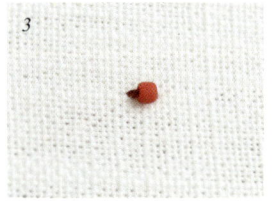

자수 도안집
Embroidery pattern book

Graceful Ballerina

우아한 발레리나

실

DMC 25번사 : 02, 23, 310, 317, 353, 778, 3371, 3781, 3863
DMC 메탈릭사 ART 283

재료

린넨, 2mm 비즈

*( ) 안의 숫자는 실의 가닥 수입니다.
*색이 다르게 표시된 라인은 해당 스티치로 자수합니다.

화보 p.8~9

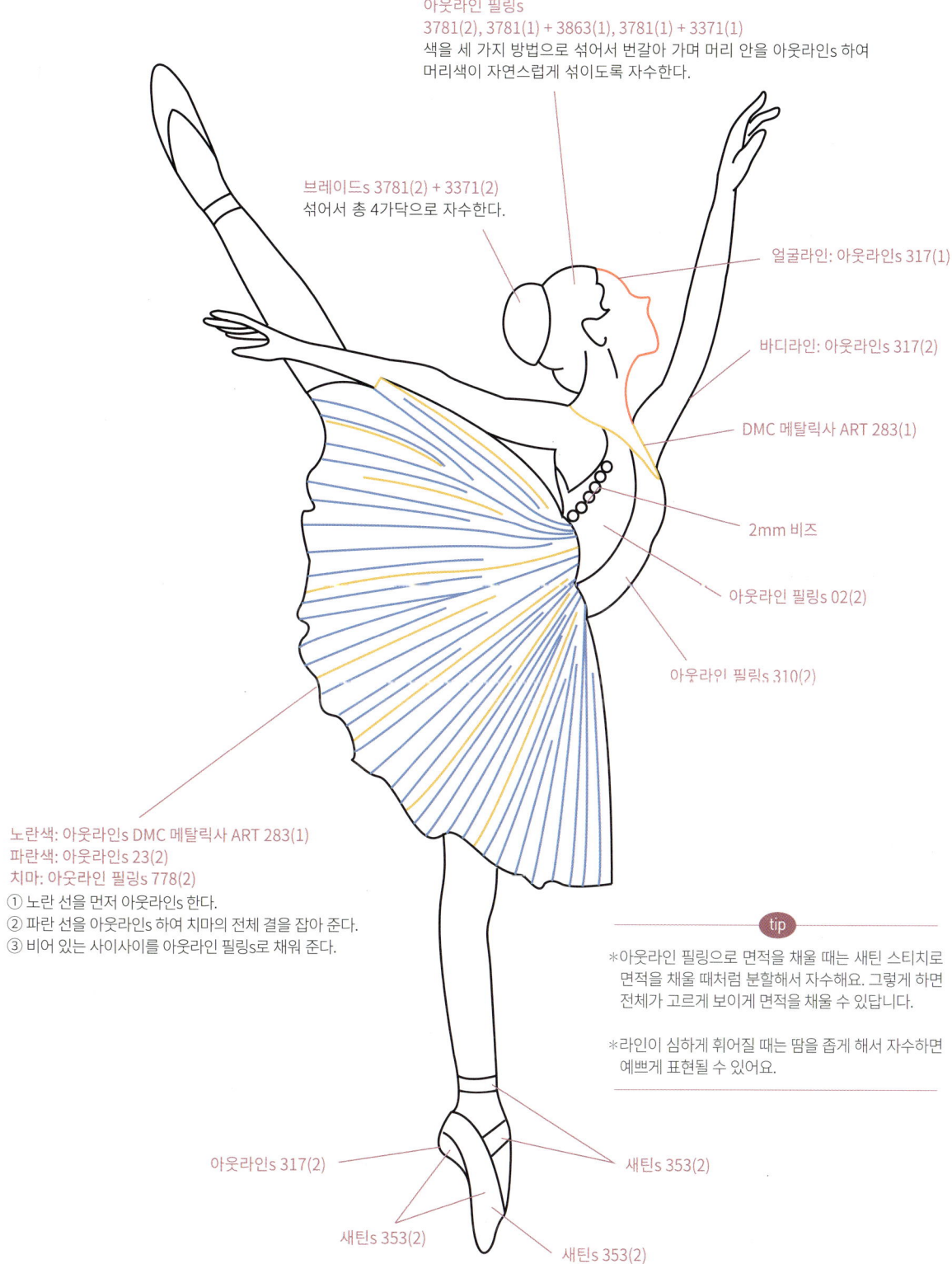

Kitchen Cloth with Coffee Scent

커피 향기 가득한 키친 클로스

실
DMC 25번사 : 01, 310, 317, 3031, 3371, 3862
니시키토 메탈릭사 32

재료
2mm 비즈, 3mm 비즈, 막대비즈, 린넨

*( ) 안의 숫자는 실의 가닥 수입니다.

화보 p.10~11

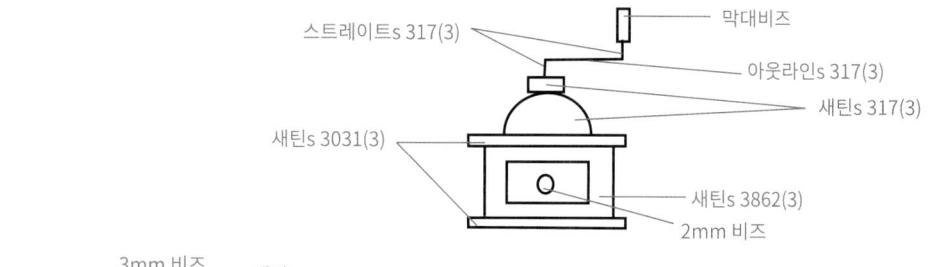

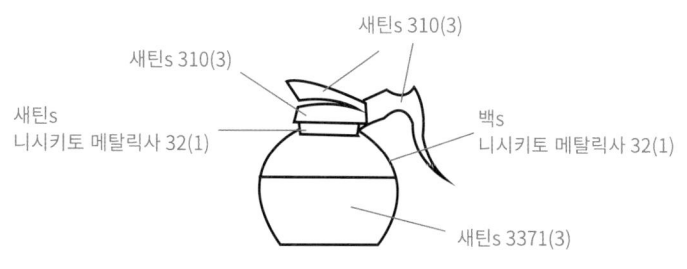

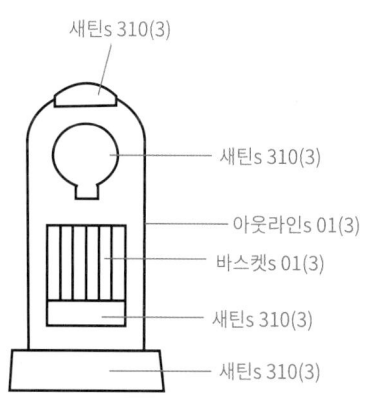

*HOW TO

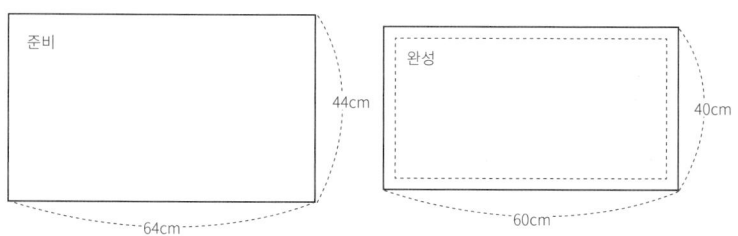

1. 린넨원단을 1장 준비한 후 가로 64cm, 세로 44cm로 자른다.
2. 도안을 원하는 위치에 옮긴다.
3. 자수를 완성한다.
4. 사방에 시접을 1cm로 두 번 접어 다림질한다.
5. 박음질(백 스티치)로 마무리한다.

Kitchen Cloth with Sweet Dessert

달콤한 디저트 키친 클로스

🧵 실

DMC 25번사 : ecru, 224, 347, 898, 937, 3862
코스모라메 col.1

✏️ 재료

2mm 비즈, 린넨

*( ) 안의 숫자는 실의 가닥 수입니다.
*〈커피 향기 가득한 키친 클로스〉(68p)와 같은 방법으로 만든다.
*색이 다르게 표시된 라인은 해당 스티치로 자수합니다.

화보 p.12~13

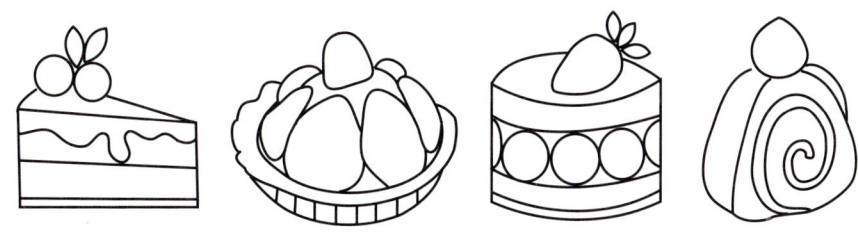

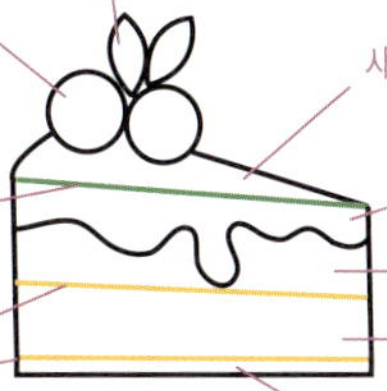

레이지 데이지s 937(3)

새틴s 347(3)

새틴s ecru(3)

프렌치 노트s ecru(3)
케이크 면적을 모두 자수한 후 그 위에 프렌치 노트s 한다.

블랭킷s ecru(3)

새틴 937(3)

새틴s ecru(3)

백s
코스모 라메 col.1(1)

아웃라인s 898(3)

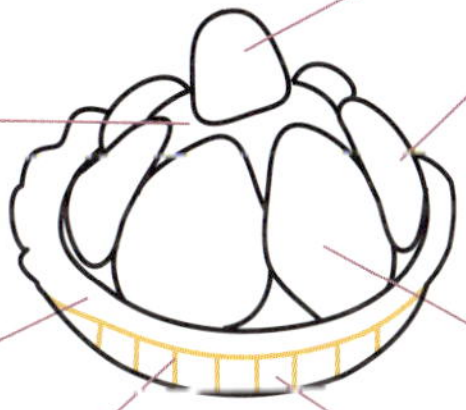

새틴s 347(3)

2mm 비즈
빈틈을 비즈로 채운다.

체인s 347(3)

새틴s 898(3)

체인s 224(3)

새틴s 3862(3)

백s
코스모 라메 col.1(1)

레이지 데이지s 937(3)

프렌치 노트s 347(3)

새틴s ecru(3)

아웃라인s
코스모 라메 col.1(1)

프렌치 노트s ecru(3)
케이크 면적을 모두 자수한 후 그 위에 프렌치 노트s를 한다.

새틴s ecru(3)

새틴s ecru(3)

딸기 바깥쪽: 새틴s 347(3)

백s
코스모 라메 col.1(1)

딸기 안쪽: 스트레이트s 224(3)
딸기 바깥 쪽을 먼저 자수한 후 원형 밖으로 조금씩 더 삐져나가도록 딸기 겉의 자수한 부분을 뚫고 가운데에서 밖으로 스트레이트s 한다.

아웃라인s 937(3)

2mm 비즈

새틴s 898(3)

체인s ecru(3)

체인s 347(3)

아웃라인s
코스모 라메 col.1(1)

71

Lovely Makeup Illustration

사랑스러운 메이크업 일러스트

🧵 실

DMC 25번사 : ecru, 04, 224, 225, 310, 318, 502, 758, 760, 818, 893, 927, 951, 3712, 3727, 3733, 3768, 3778, 3848, 3864, 3865

니시키토 메탈릭사 : 31, 32

✏️ 재료

기계무명, 6mm 진주비즈
코픽 스케치 마카 : R32, RV11, E31

*( ) 안의 숫자는 실의 가닥 수입니다.
*자수하기 전에 마카로 먼저 색칠해 주세요. 코픽 마카는 많이 번지는 편이어서 자수도안보다 안쪽에 칠한 후 번짐의 상태를 보고 나머지 부분을 조심히 칠해 주세요.
*색이 다르게 표시된 라인은 해당 스티치로 자수합니다.

화보 p.14~15

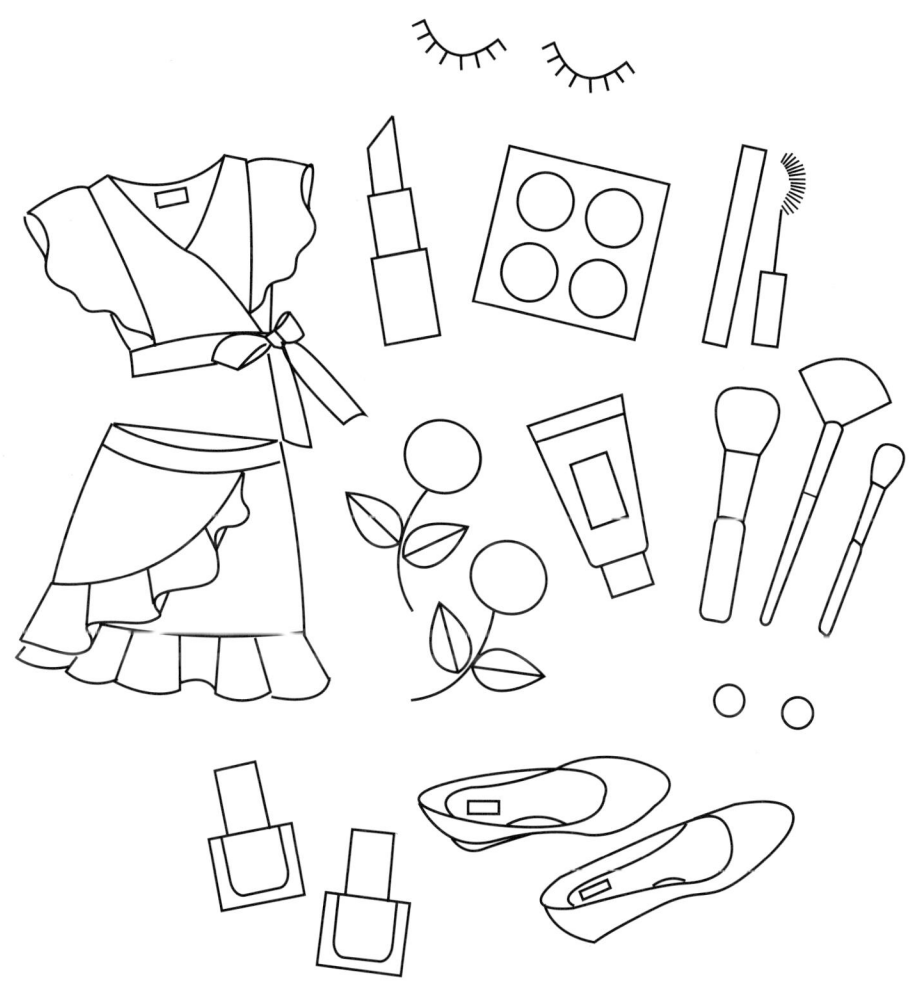

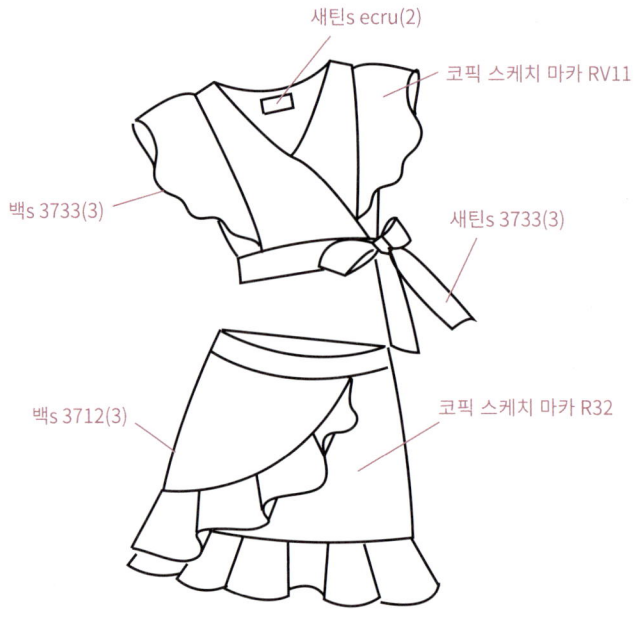

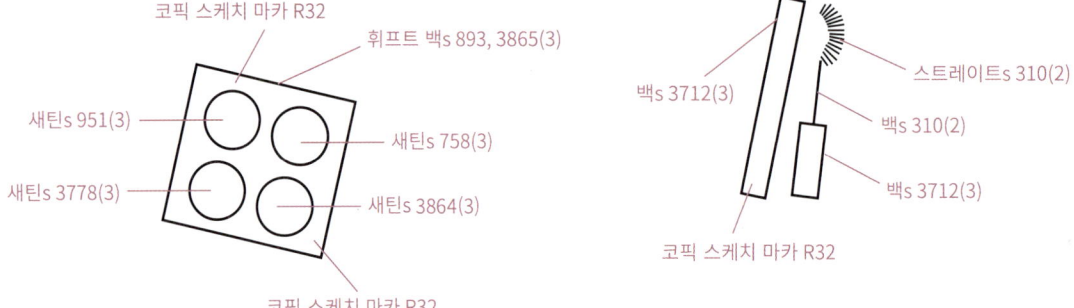

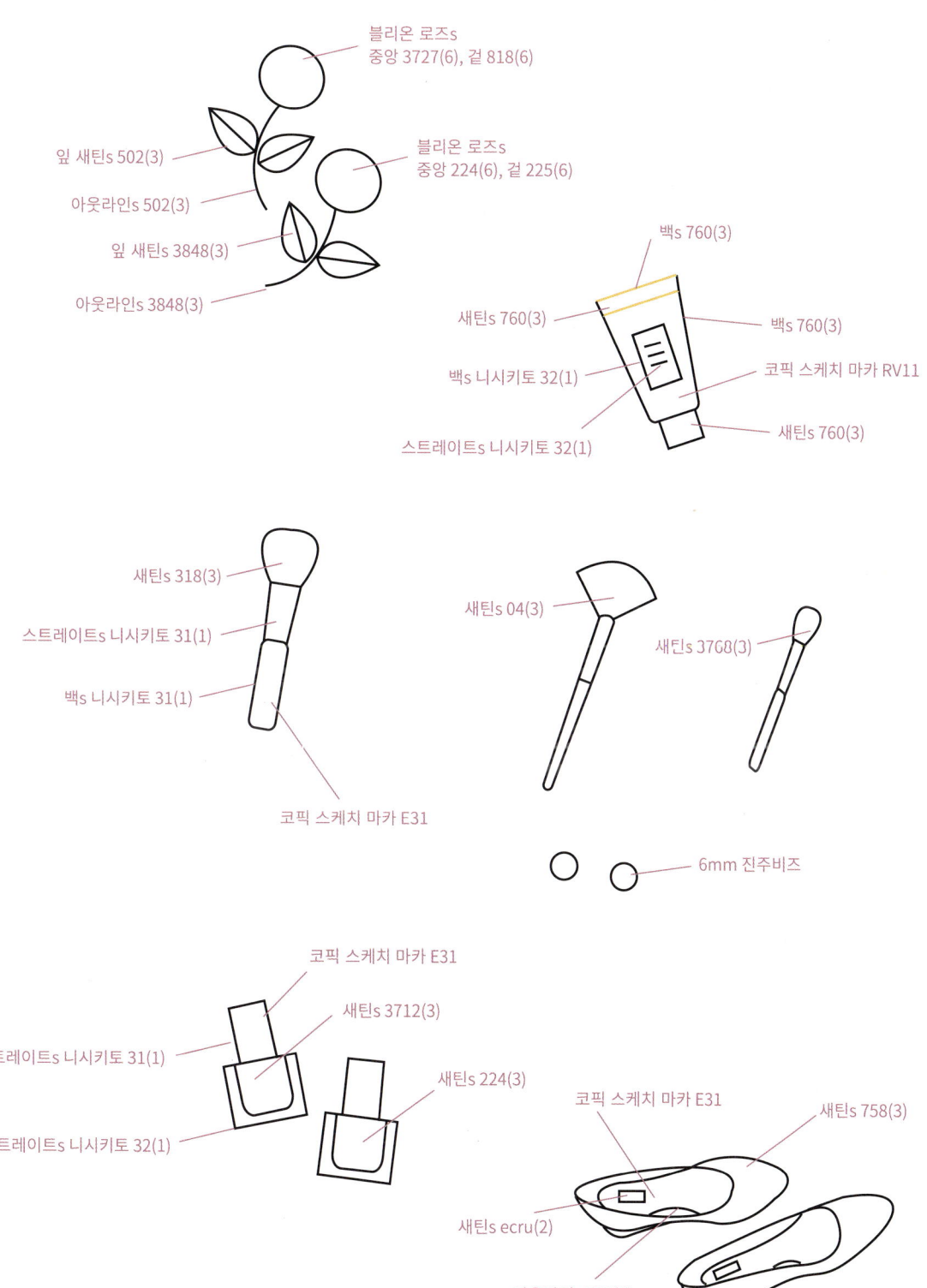

Pretty Rabbit in an Apron

앞치마를 입은 예쁜 토끼

🧵 실

DMC 25번사 : 168, 169, 310, 523, 936, 3328, 3808, 3862, 3863, 3865

✏️ 재료

2mm 비즈, 보넷

*( ) 안의 숫자는 실의 가닥 수입니다.
*색이 다르게 표시된 라인은 해당 스티치로 자수합니다.

화보 p.16~17

 tip

* 파란색 점선으로 표시된 롱앤숏 스티치의 흐름을 따라 자수해 보세요. (뒤에 나오는 곰돌이 자수 과정샷 참고 p.87)

* 옷이나 소품에 자수할 때는 몸에 닿는 부분이 불편할 수 있어요. 이런 경우 자수를 완성한 후 뒷면에 실크 심지를 부착해 주면 몸에 닿는 부분이 거칠지 않아서 좋아요.

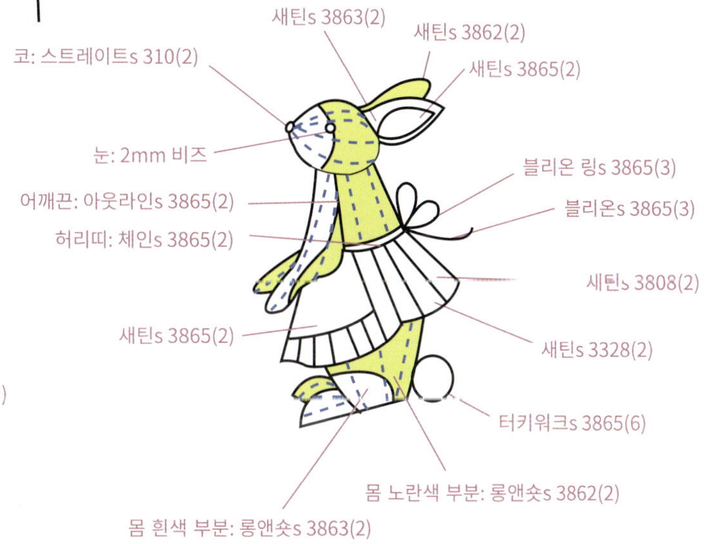

새틴s 3863(2)
새틴s 3862(2)
새틴s 3865(2)
코: 스트레이트s 310(2)
블리온 링s 3865(3)
눈: 2mm 비즈
블리온s 3865(3)
어깨끈: 아웃라인 3865(2)
허리띠: 체인s 3865(2)
세틴s 3808(2)
새틴s 3865(2)
새틴s 3328(2)
터키워크s 3865(6)
몸 노란색 부분: 롱앤숏s 3862(2)
몸 흰색 부분: 롱앤숏s 3863(2)

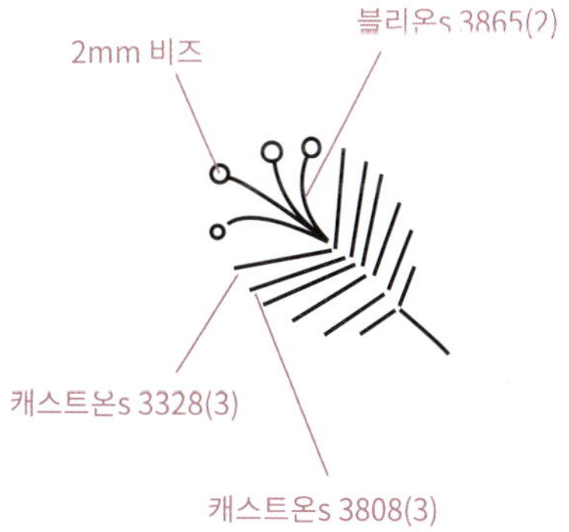

블리온s 3865(?)
2mm 비즈
캐스트온s 3328(3)
캐스트온s 3808(3)

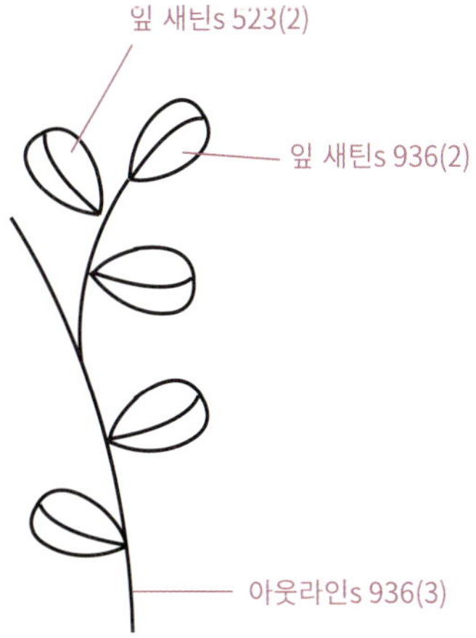

잎 새틴s 523(2)
잎 새틴s 936(2)

프렌치 노트s 3865(2)
새틴s 169(2)
아웃라인s 169(3)
새틴s 168(2)

아웃라인s 936(3)

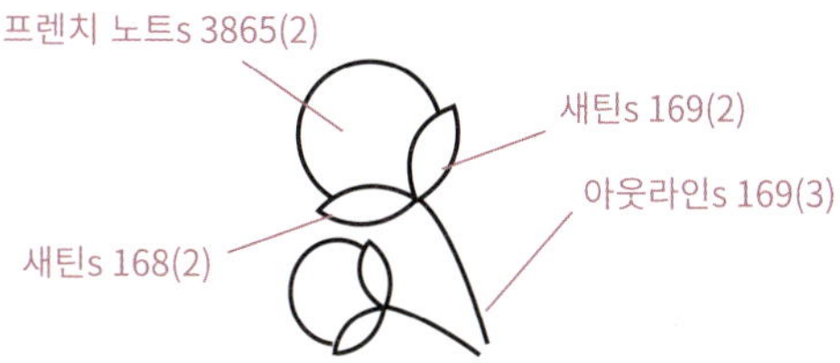

Cute Little Flowers

귀여운 작은 꽃

🧵 실

DMC 25번사 : 168, 169, 223, 646, 814, 936, 3865
니시키토 메탈릭사 23

✏️ 재료

2mm 비즈, 베이비 롬퍼

*( ) 안의 숫자는 실의 가닥 수입니다.

화보 p.18~19

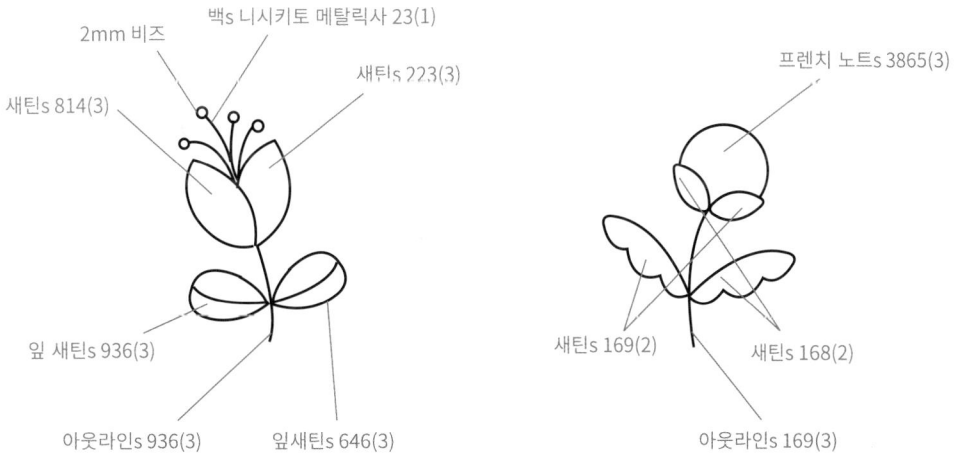

Heart Filled with Flowers

꽃을 담은 하트

실

DMC 25번사 : blanc, 502, 758, 927, 3051, 3328, 3768, 3778, 3809

재료

2mm 비즈, 기계무명

*( ) 안의 숫자는 실의 가닥 수입니다.
*색이 다르게 표시된 라인은 해당 스티치로 자수합니다.

화보 p.20~21

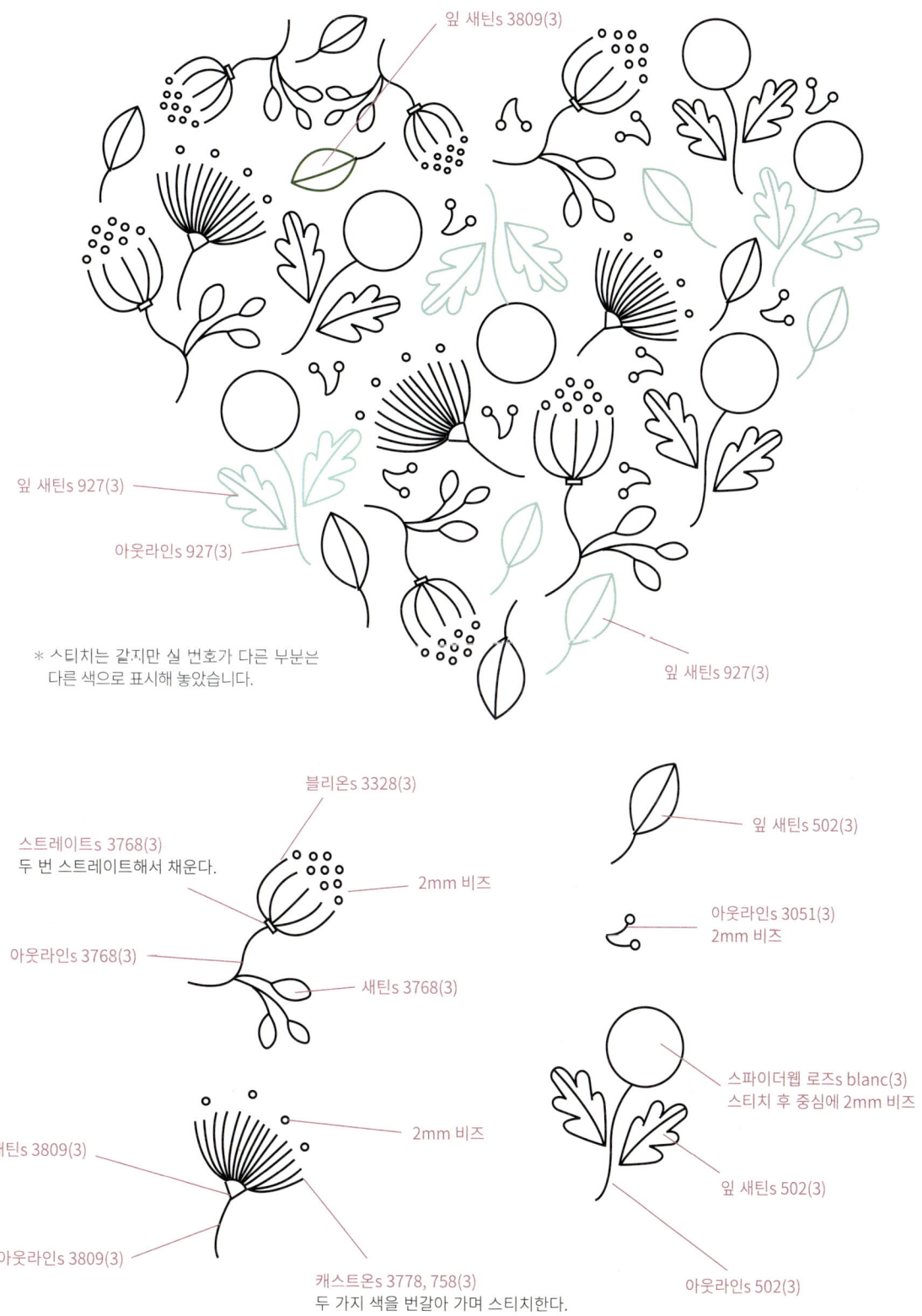

A Bear's Afternoon Tea Time in the Woods

숲속의 오후 곰돌이의 티타임

🧵 실

DMC 25번사 : 300, 310, 319, 322, 347, 435, 601, 972, 3045, 3052, 3346, 3781, 3813, 3823, 3864, 3865
DMC 울사 : 7043, 7127, 7322, 7329, 7369, 7384, 7501
DMC 4번사 : 2133, 2760, 2801
애플톤 울사 : 142, 904, 905, 991

✏️ 재료

2mm 비즈, 기계무명, 울사 전용 바늘

*( ) 안의 숫자는 실의 가닥 수입니다.
*색이 다르게 표시된 라인은 해당 스티치로 자수합니다.

화보 p.22~23

100% 도안은 별지에 있습니다.

※ 이 위치에는 본인의 이니셜이나 영문 필기체 이름, 새기고 싶은 글을 자수해 넣어 보세요.

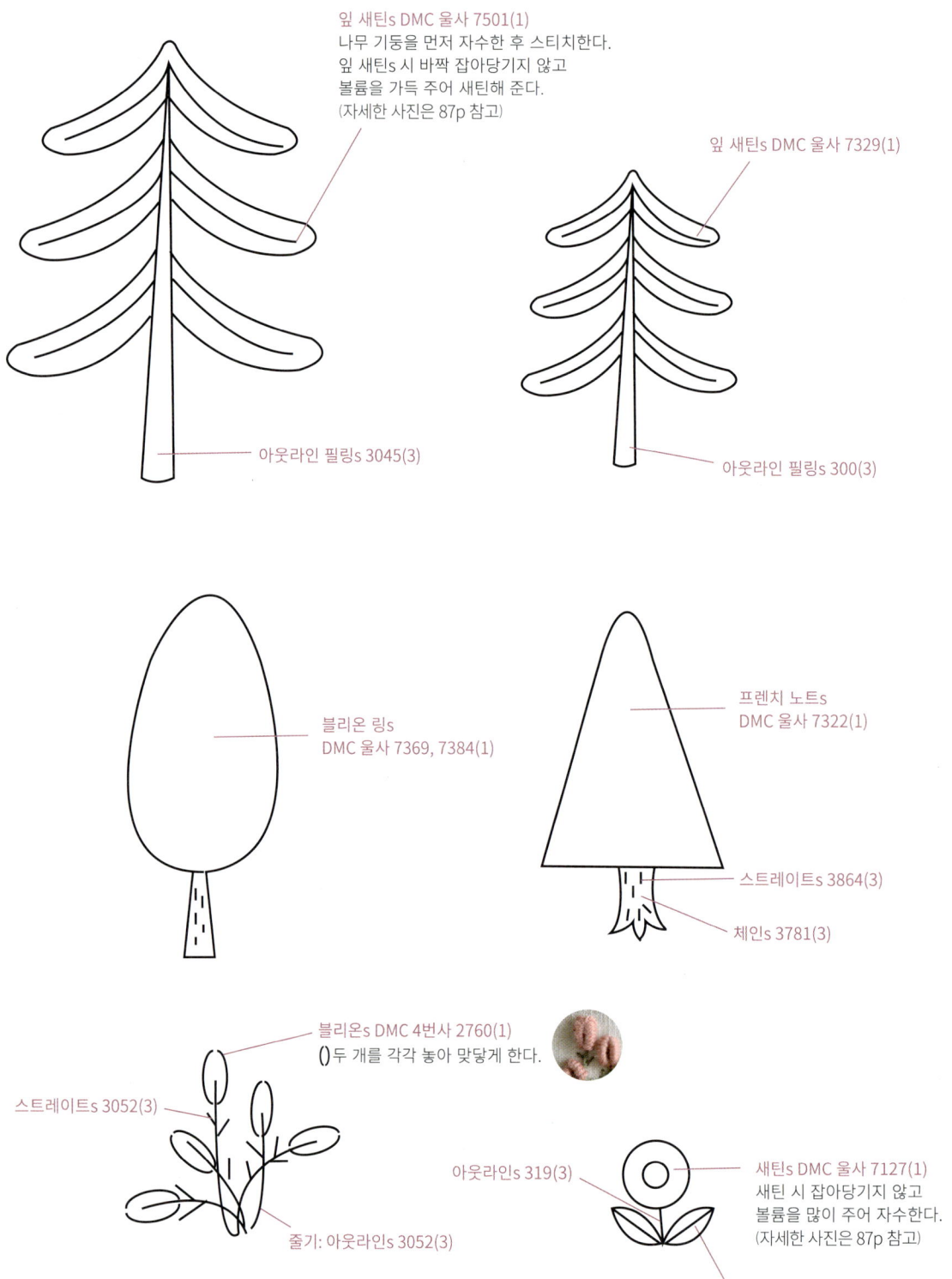

> **tip**
>
> * 색이 칠해진 곳과 칠해지지 않은 곳의 경계가 자연스럽게 연결되도록 경계 부분에 자수된 실을 뚫고 나와 자수합니다.
>
> * 스티치를 파란 점선 부분의 흐름으로 자수합니다.
>
> * DMC 4번은 가르지 않고 통으로 사용합니다.

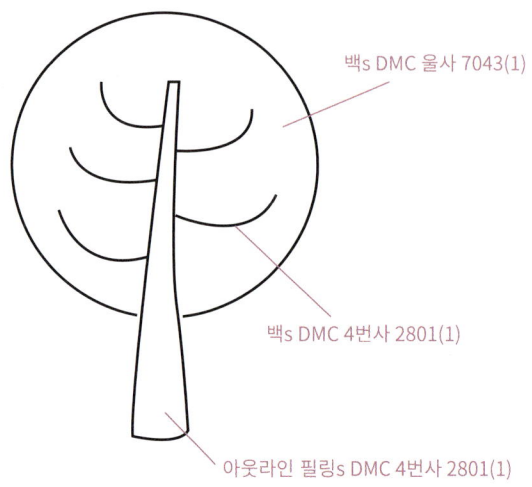

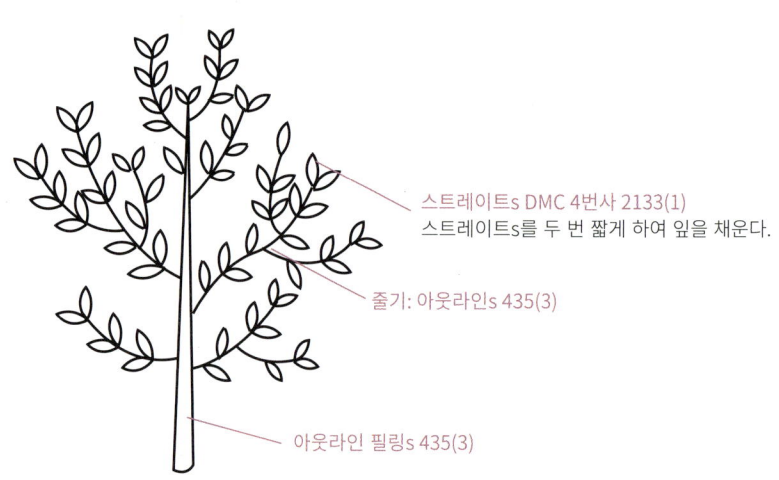

* DETAIL

- 나뭇가지의 한 구간을 잎이라고 생각하고 중심선에 맞춰서 잎 새틴 스티치를 해준다.
  울사를 끝까지 빼내지 않고 볼륨을 주어서 자수한다.

- 위의 나뭇가지와 같이 볼륨을 주어 자수한다. 링 구간을 새틴할 때는 전체를 분할한 뒤에 빈 곳을 채워 주며 자수해 준다.

- 곰돌이의 털방향을 따라 흐르듯이 롱앤숏 스티치를 한다. 땀과 땀 사이에서 바늘이 나오기보다는 실을 가르고 나오면 좀 더 자연스럽다. 실의 색이 바뀌는 곳에서 자연스럽게 서로의 구간을 침범하여 자수하면 색이 섞이는 효과를 내기에 좋다. 롱앤숏 스티치로 넓은 구간을 모두 자수한 후 작은 소품들과 디테일이 들어간 부분을 자수해 준다.

  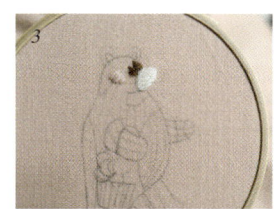 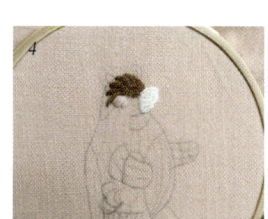

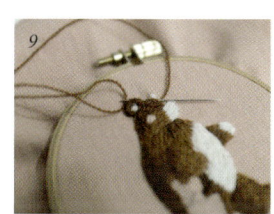   

Odd Eye Cat with Glasses

안경 쓴 오드아이 고양이

실
DMC 25번사 : blanc, 26, 310, 317, 535, 746, 760, 3328, 3813

재료
파우치

*( ) 안의 숫자는 실의 가닥 수입니다.

화보 p.24~25

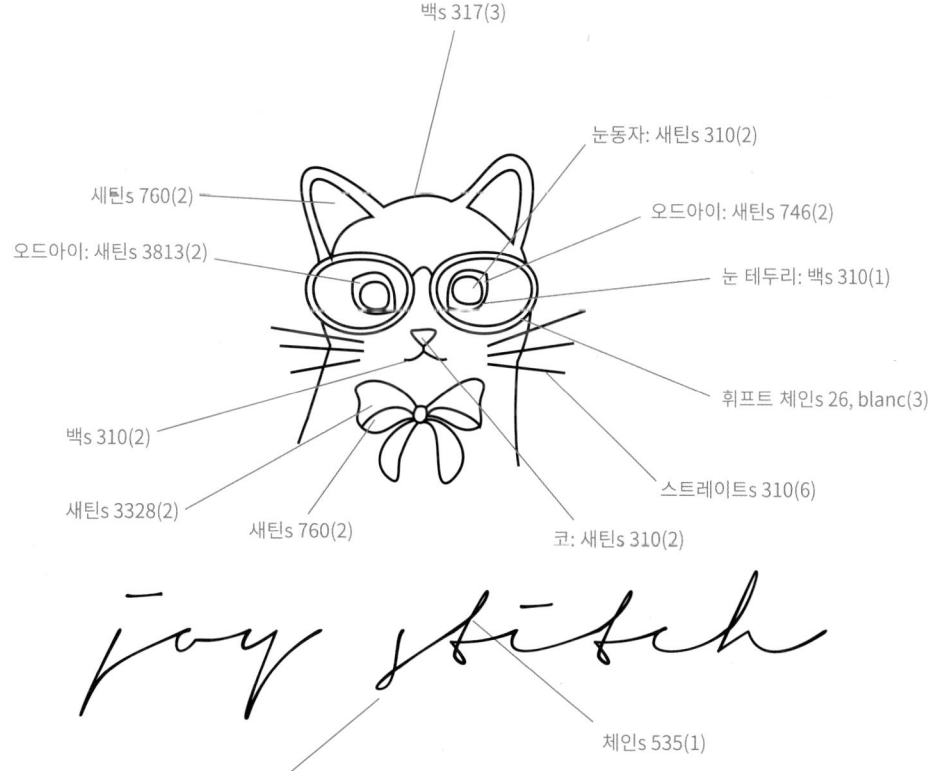

* 이 위치에는 본인의 이니셜이나 영문 필기체 이름, 새기고 싶은 글을 자수해 넣어 보세요.

Joyful Gardening Illustration

즐거운 가드닝 일러스트

🧵 실

DMC 25번사 : ecru, 319, 347, 351, 400, 422, 434, 436, 503, 523, 645, 648, 744, 930, 934, 937, 3013, 3051, 3052, 3779

📎 재료

2mm 비즈, 3mm 비즈, 4mm 비즈, 기계무명

*( ) 안의 숫자는 실의 가닥 수입니다.
*색이 다르게 표시된 라인은 해당 스티치로 자수합니다.

화보 p.26~27

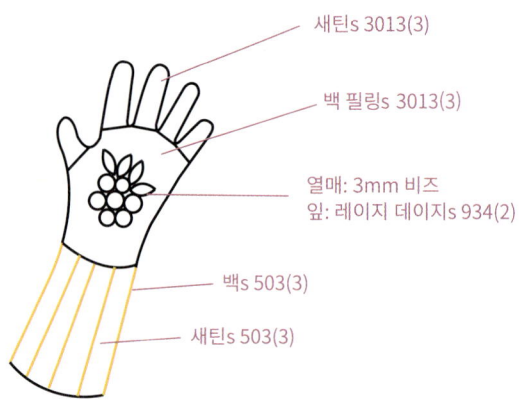

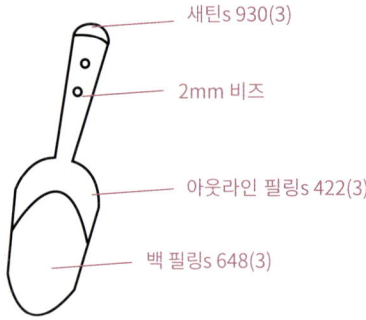

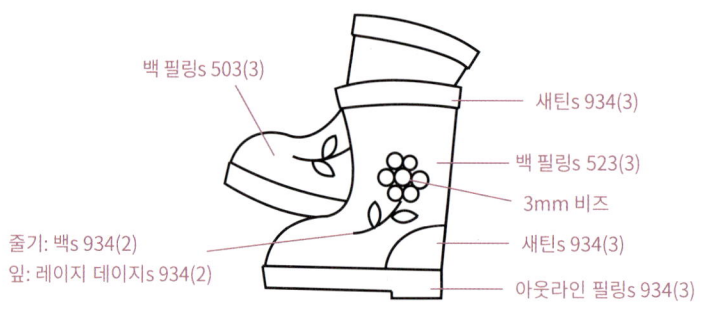

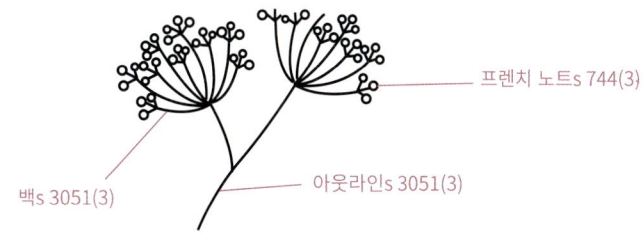
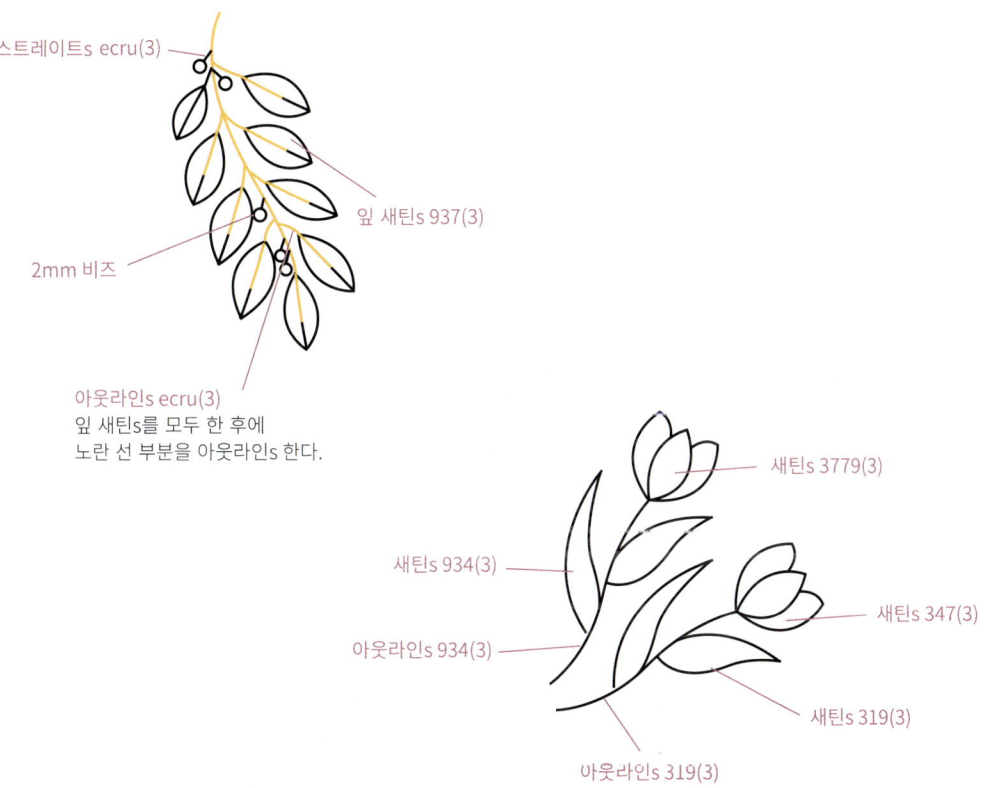

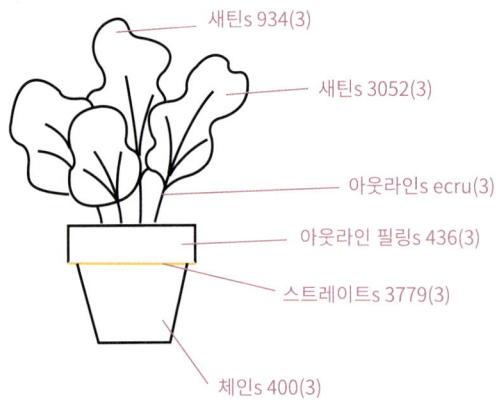
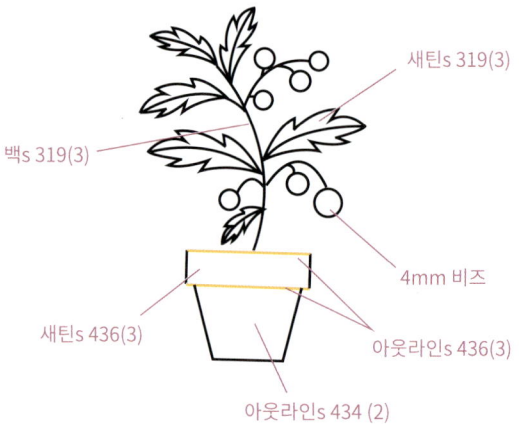
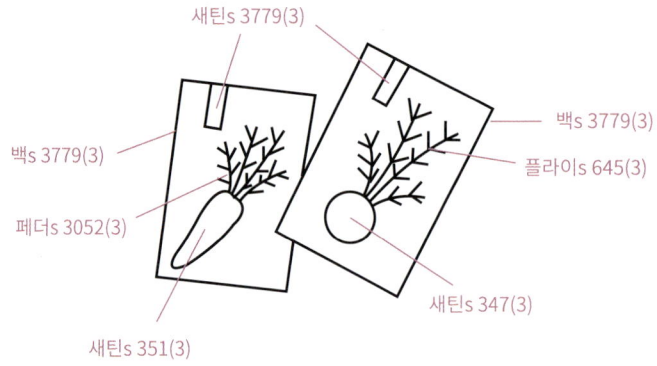

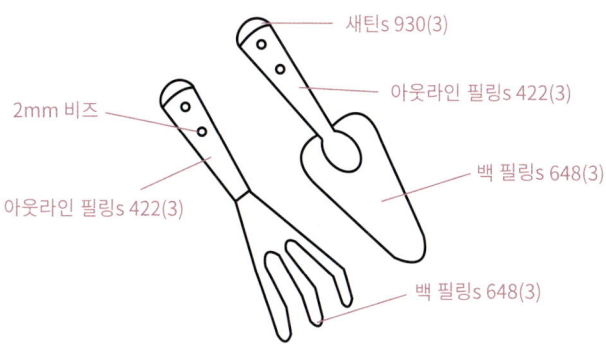

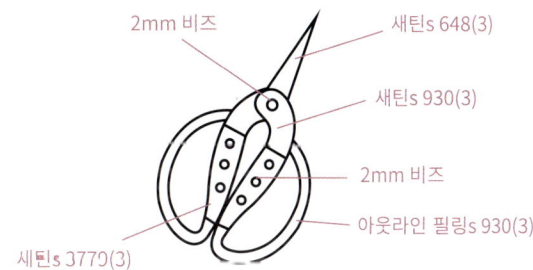

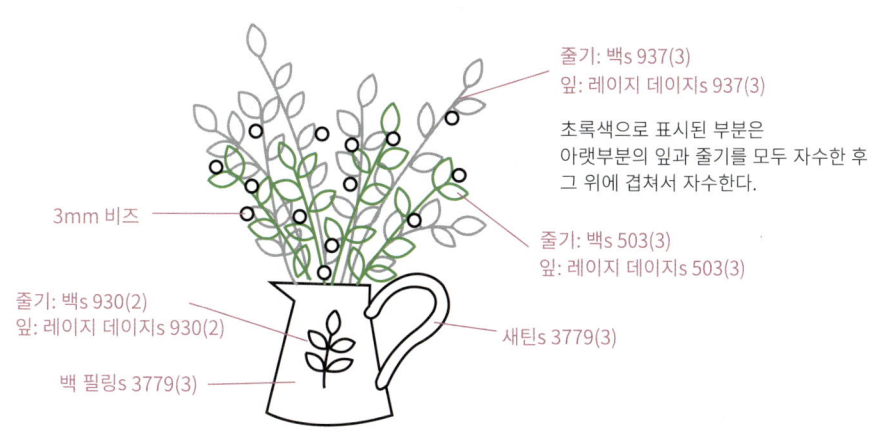

Cute Bee

귀여운 꿀벌

실

DMC 25번사 : blanc, 310, 3822
코스모 라메 col.7

재료

2mm 비즈, 앞치마 또는 다양한 패브릭 소품

*( ) 안의 숫자는 실의 가닥 수입니다.
*색이 다르게 표시된 라인은 해당 스티치로 자수합니다.

화보 p.28~29

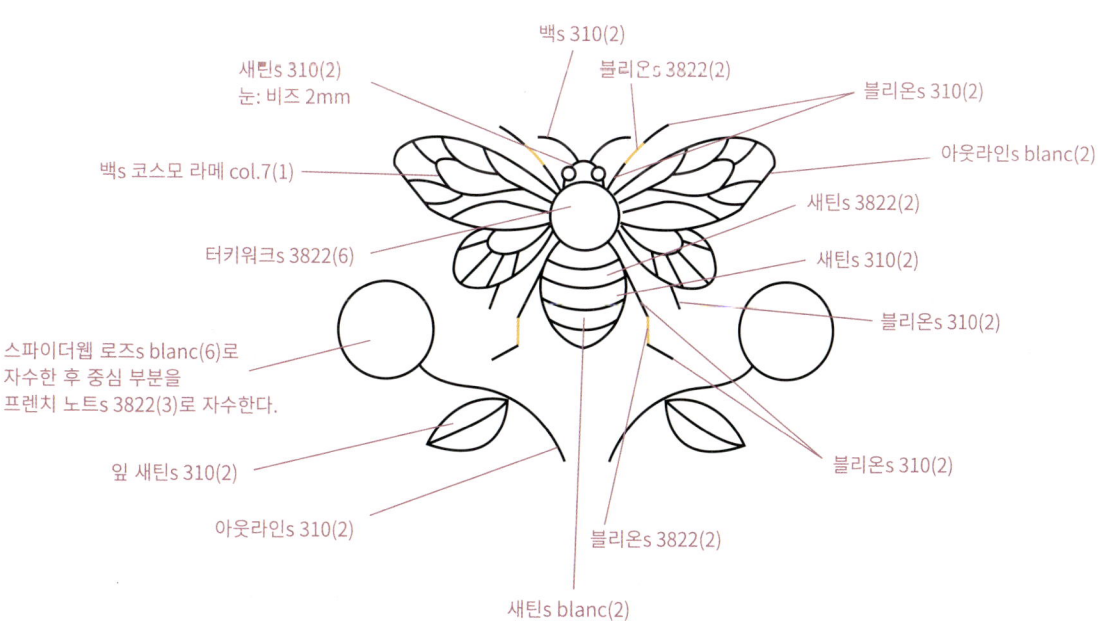

Ocean Blue Summer Illustration

청량한 푸른빛 여름 일러스트

🧵 실

DMC 25번사 : blanc, 162, 336, 434, 738, 824, 3823, 3839

✏️ 재료

기계무명, 2mm 비즈
코픽 스케치 마카 : B05, B23, B29, B41, E33

*( ) 안의 숫자는 실의 가닥 수입니다.
*자수하기 전에 마카로 먼저 색칠해 주세요. 코픽 마카는 많이 번지는 편이어서 자수도안보다 안쪽에 칠한 후 번짐의 상태를 보고 나머지 부분을 조심히 칠해 주세요.

화보 p.30~31

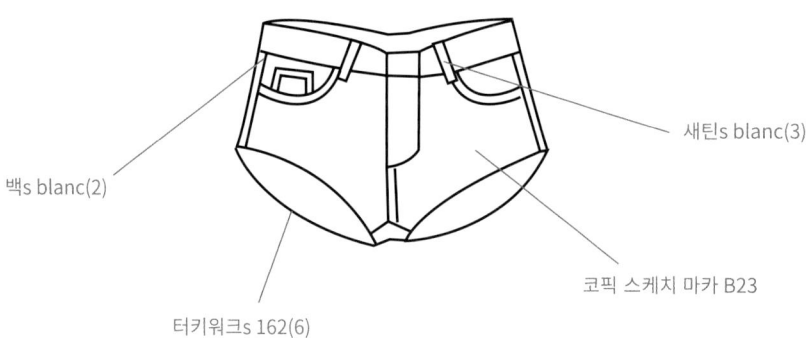

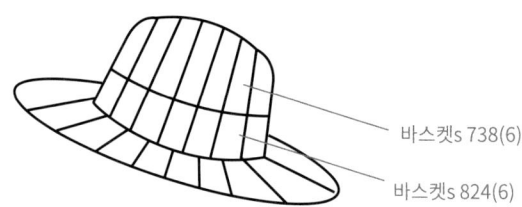

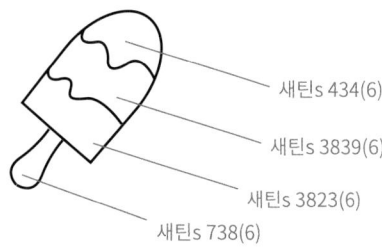

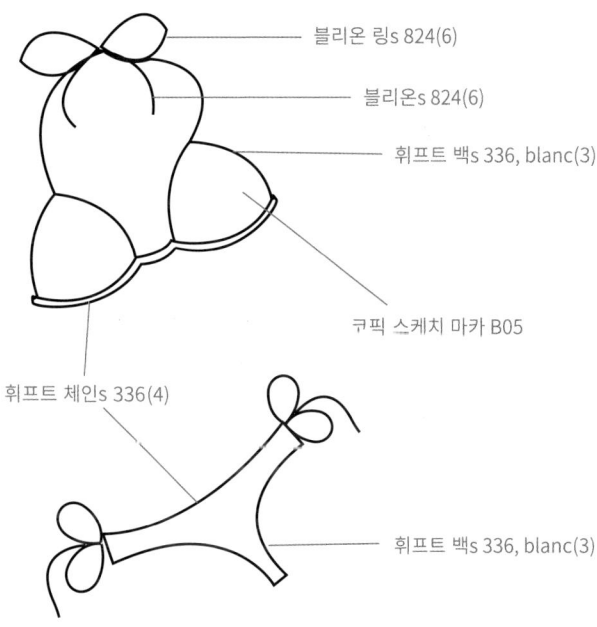

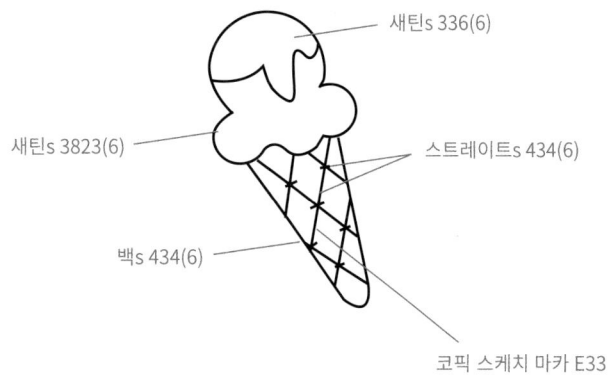

Rattan Products Illustration

라탄 일러스트

🧵 실

DMC 25 번사 : ecru, blanc, 167, 310, 433, 434, 436, 738, 3031, 3045
니시키토 17

✏️ 재료

기계무명, 2mm 비즈

*( ) 안의 숫자는 실의 가닥 수입니다.
*색이 다르게 표시된 라인은 해당 스티치로 자수합니다.

화보 p.32~33

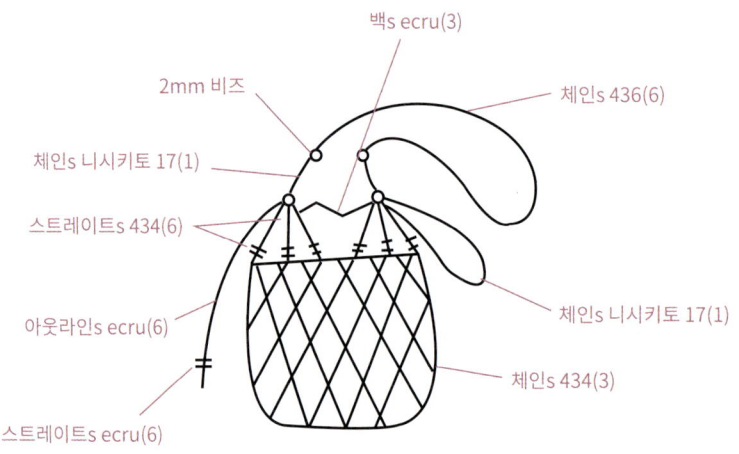

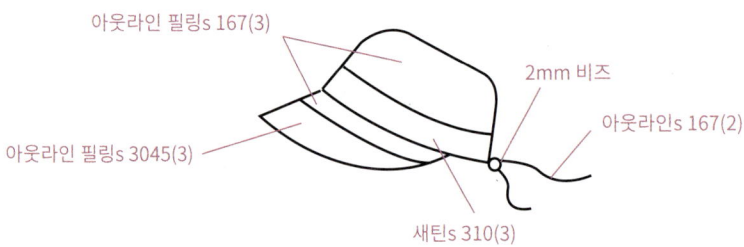

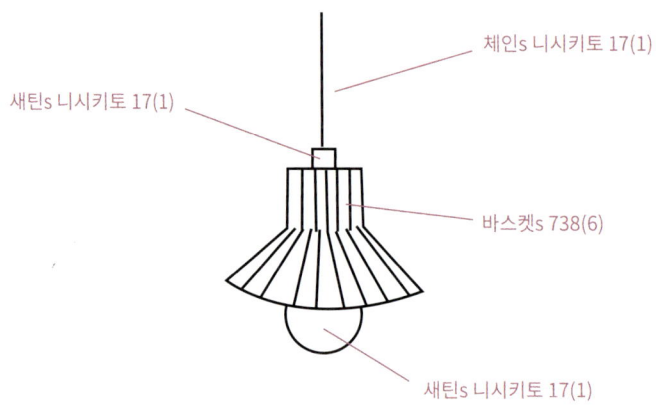

> tip
> * 바스켓 스티치의 대를 세울 때는 도안에 그려진 선의 방향대로 자수해 주세요. 바스켓 스티치는 방향에 따라 다른 느낌을 표현할 수 있어요.

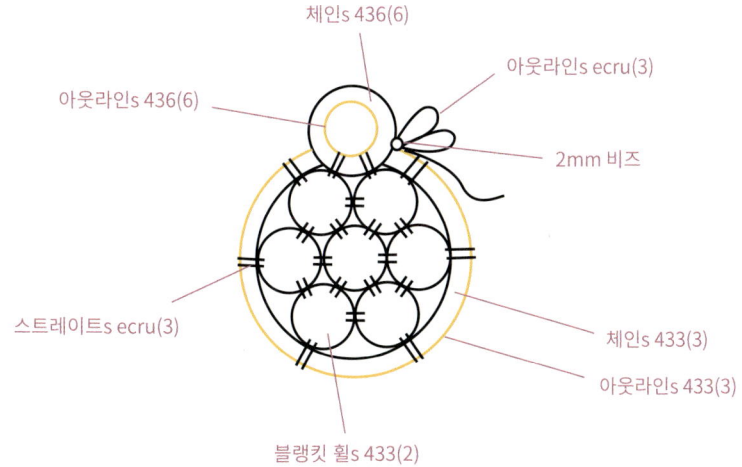

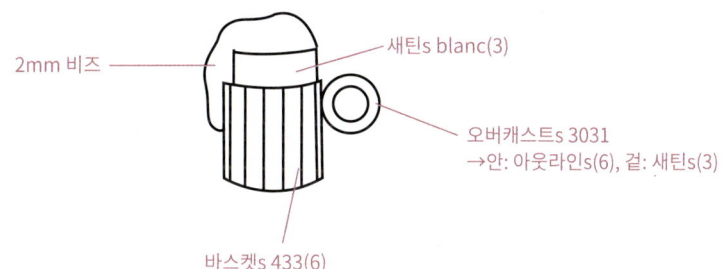

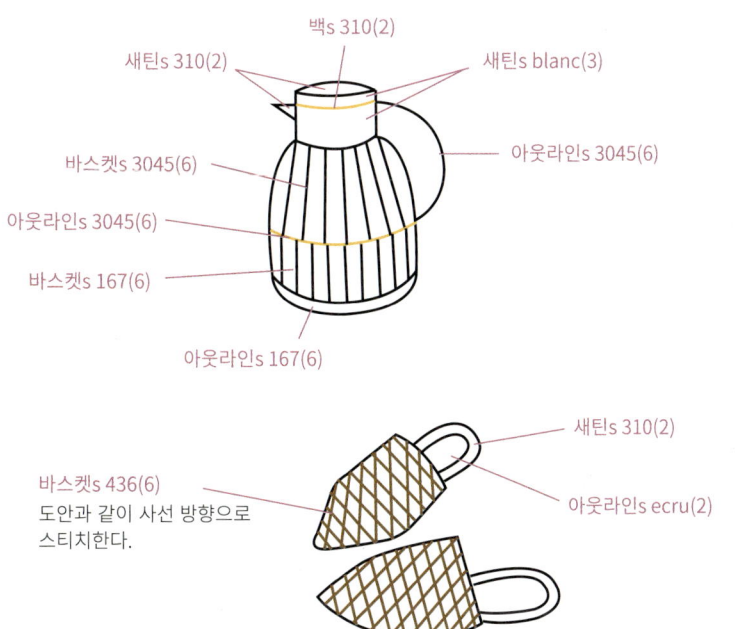

Purple Flower Embroidered Sneakers

보라빛 가득한 꽃자수 운동화

실
DMC 25번사 : 26, 35, 224, 553, 3808, 3835, 3836

재료
2mm 비즈, 운동화, 골무, 수용성 심지

*( ) 안의 숫자는 실의 가닥 수입니다.
*색이 다르게 표시된 라인은 해당 스티치로 자수합니다.

화보 p.34~35

(오른쪽 신발)

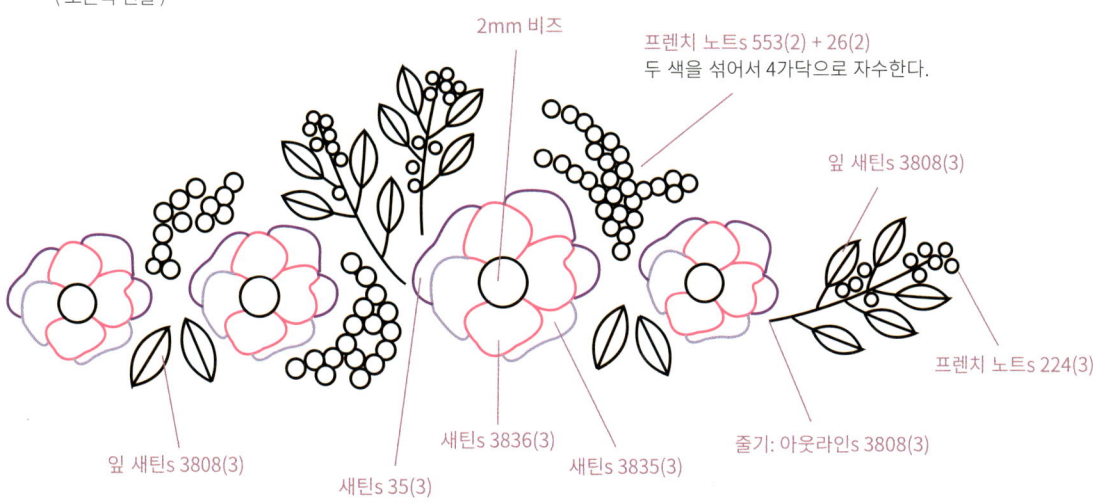

- 2mm 비즈
- 프렌치 노트s 553(2) + 26(2) 두 색을 섞어서 4가닥으로 자수한다.
- 잎 새틴s 3808(3)
- 프렌치 노트s 224(3)
- 잎 새틴s 3808(3)
- 새틴s 35(3)
- 새틴s 3836(3)
- 새틴s 3835(3)
- 줄기: 아웃라인s 3808(3)

(왼쪽 신발)

＊ 실 번호에 따라 꽃잎의 색을 다르게 표시해 놓았습니다.

tip

＊ 수용성 심지를 사용하면 도안을 직접 운동화에 그리는 어려움을 겪지 않고 편하게 자수할 수 있어요. 수용성 심지에 도안을 그린 후 움직이지 않도록 홈질로 신발에 고정하여 자수해요. 자수가 끝난 후에는 물을 충분히 적셔 신발에 심지가 남아 있지 않도록 해주세요.

＊ 골무를 끼고 자수하면 두꺼운 운동화에 자수를 해도 문제없어요.

＊ 자수할 때는 끈을 모두 풀고 자수하면 편하게 할 수 있어요.

Autumn Vibes Illustration

가을 감성 일러스트

🧵 실

DMC 25번사 : 351, 434, 738, 801, 841, 922, 3031, 3371, 3822
DMC 4번사 : 2302, 2840
덴마크 꽃실 : 17, 228, 411, 705, 727

✏️ 재료

기계무명, 2mm 비즈, 울사 전용 바늘
코픽 스케치 마카 : Y15, W3, C7, E11, E15, E33

*( ) 안의 숫자는 실의 가닥 수입니다.
*자수하기 전에 마카로 먼저 색칠해 주세요. 코픽 마카는 많이 번지는 편이어서 자수도안보다 안쪽에 칠한 후 번짐의 상태를 보고 나머지 부분을 조심히 칠해 주세요.
*색이 다르게 표시된 라인은 해당 스티치로 자수합니다.

화보 p.36~37

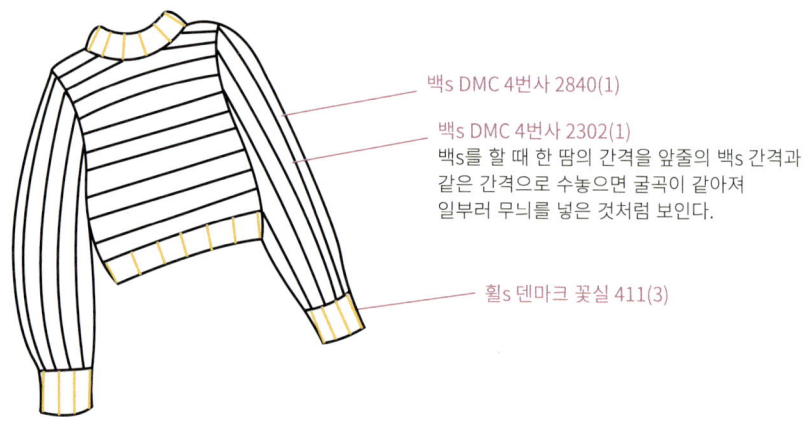

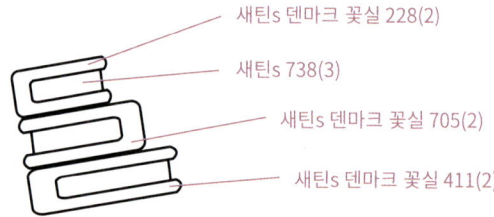

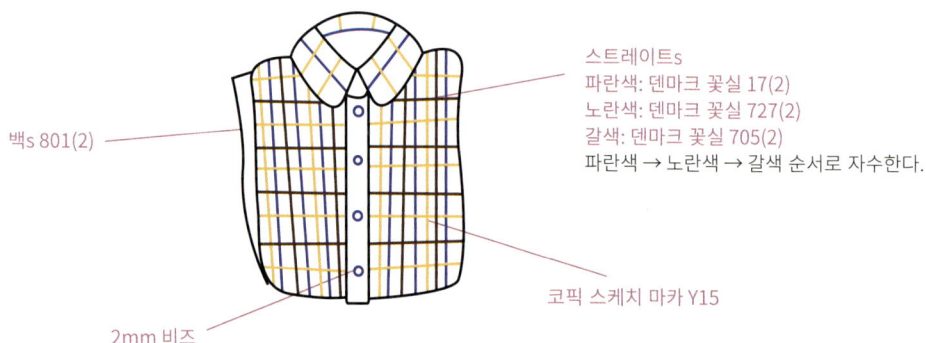

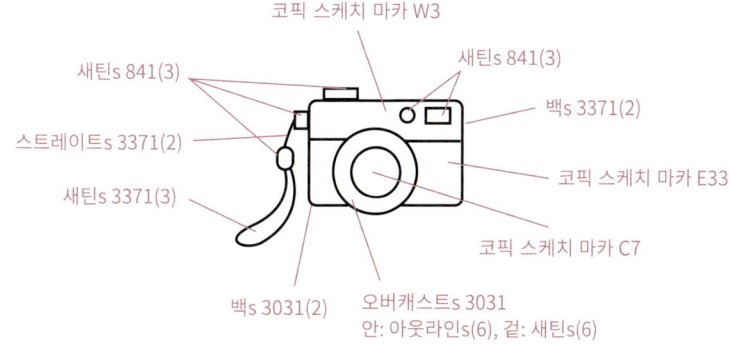

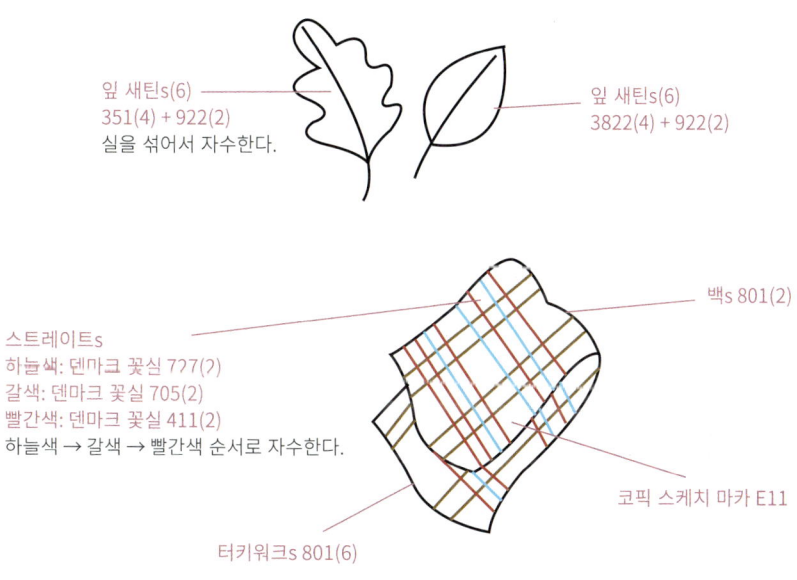

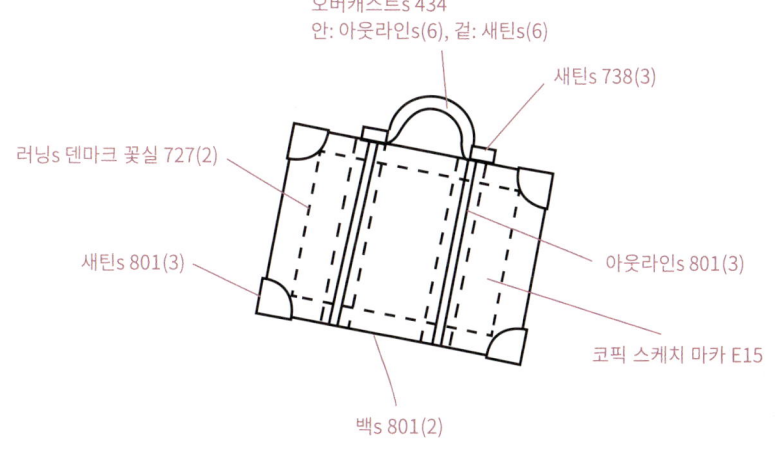

Retro Kettles

레트로 주전자

실
DMC 25번사 : blanc, 437, 500, 3777, 3781
니시키토 31

재료
기계무명
코픽 스케치 마카 : E31, G21, R02, W1

*( ) 안의 숫자는 실의 가닥 수입니다.
*자수하기 전에 마카로 먼저 색칠해 주세요. 코픽 마카는 많이 번지는 편이어서 자수도안보다 안쪽에 칠한 후 번짐의 상태를 보고 나머지 부분을 조심히 칠해 주세요.

화보 p.38~39

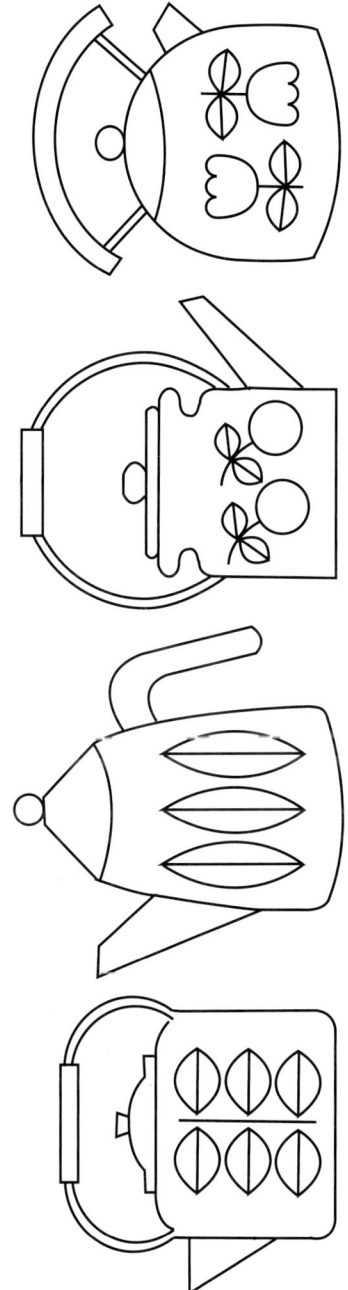

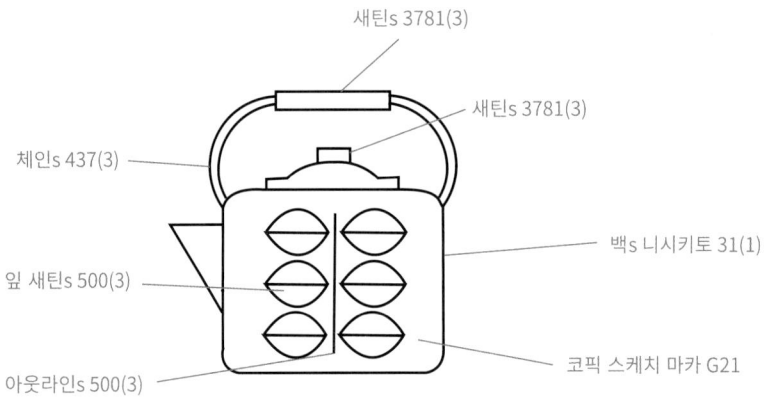

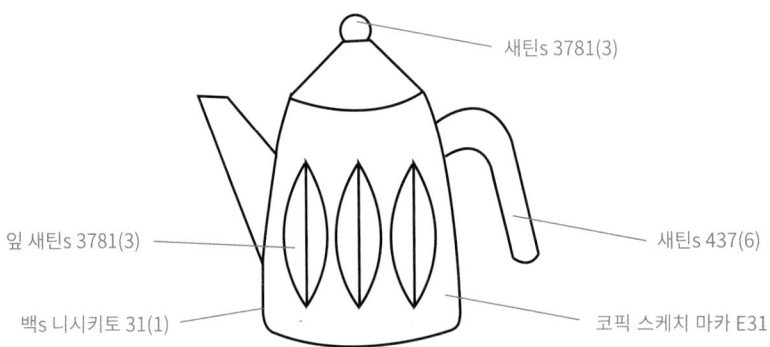

Vintage Teacups

빈티지 찻잔

🧵 실

DMC 25번사 : 310, 351, 824, 890, 966, 972, 3731, 3760, 3808, 3822, 3841, 3848
니시키토 32

✏️ 재료

기계무명
코픽 스케치 마카 : B05, BG49, R24, RV34

*( ) 안의 숫자는 실의 가닥 수입니다.
*자수하기 전에 마카로 먼저 색칠해 주세요. 코픽 마카는 많이 번지는 편이어서 자수도안보다 안쪽에 칠한 후 번짐의 상태를 보고 나머지 부분을 조심히 칠해 주세요.
*색이 다르게 표시된 라인은 해당 스티치로 자수합니다.

화보 p.40~41

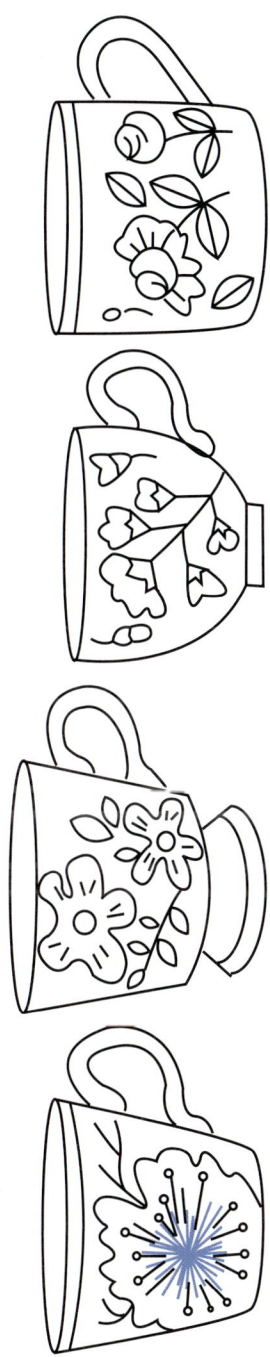

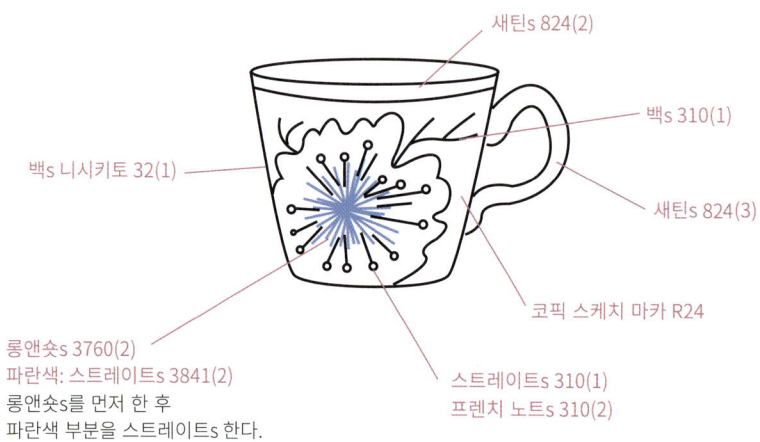

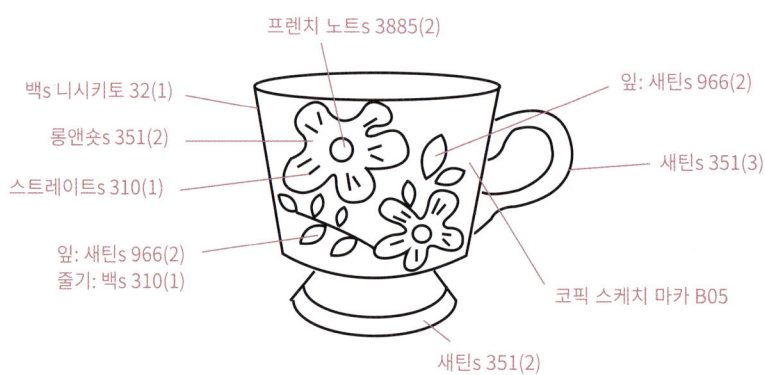

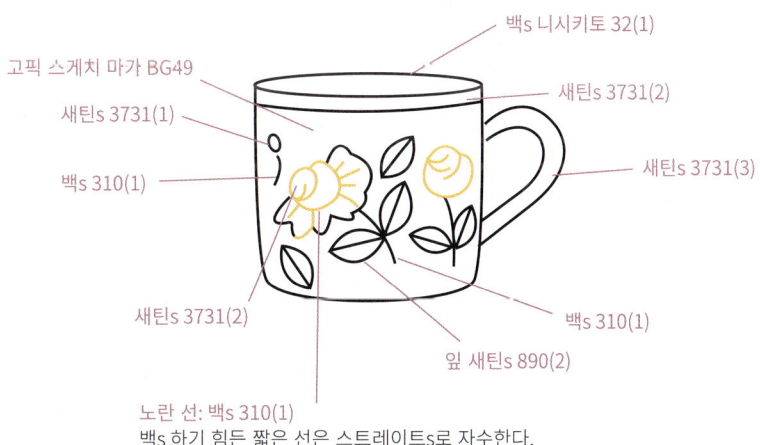

Bridegroom Illustration

남자 웨딩 일러스트

실

DMC 25번사 : blanc, 5, 28, 310, 317, 436, 535, 738, 898, 930, 931, 3051, 3781
니시키토 23, 니시키토 32, 코스모 라메 col.7(니시키토 32 대체 가능), 코스모 라메 col.1(니시키토 32 대체 가능)

재료

기계무명, 2mm 비즈, 막대비즈

*( ) 안의 숫자는 실의 가닥 수입니다.
*색이 다르게 표시된 라인은 해당 스티치로 자수합니다.

화보 p.42~43

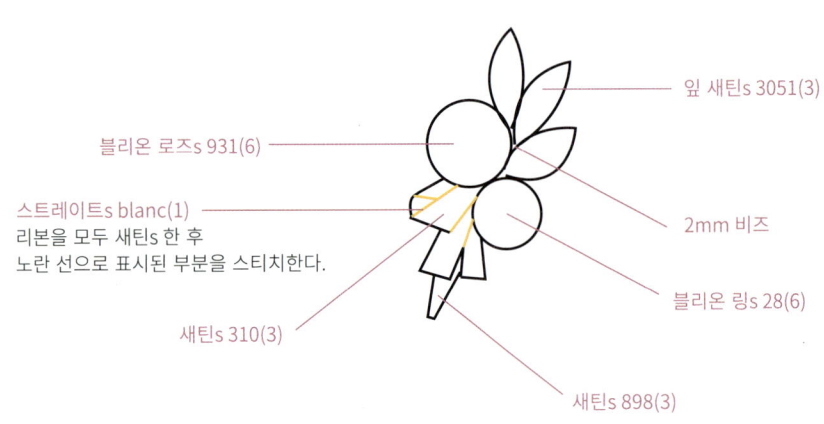

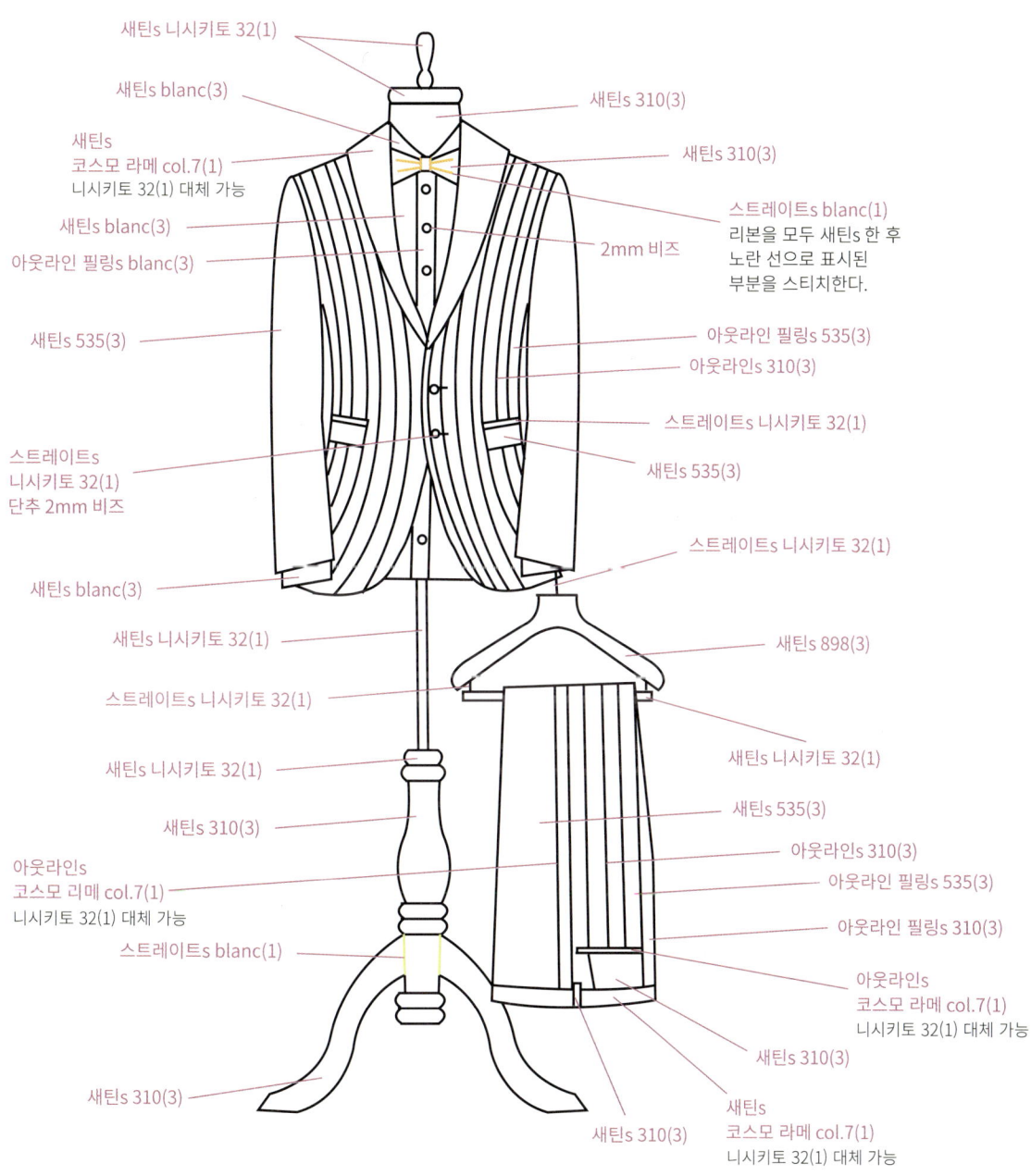

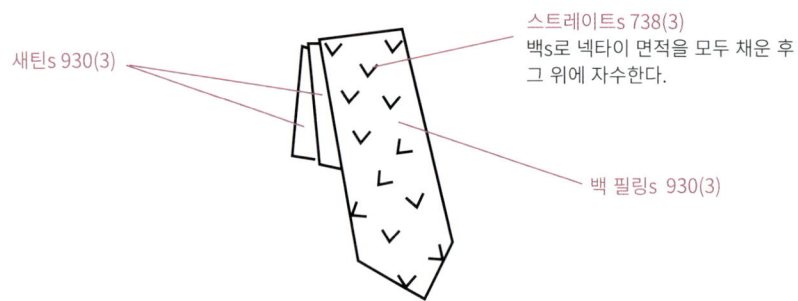
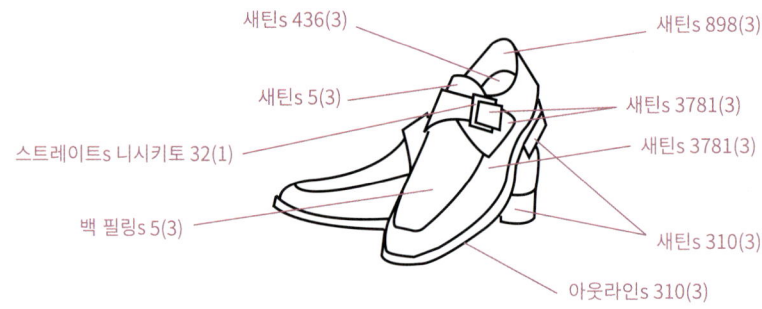
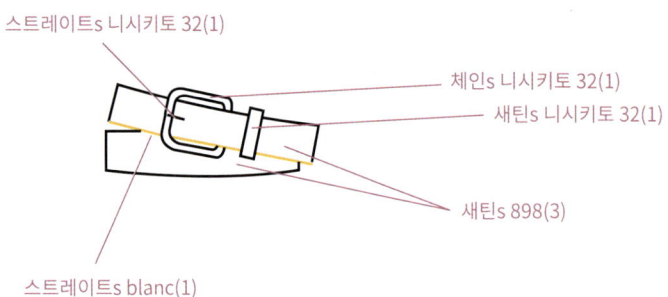

바스켓s 436(3)
새틴s 436(3)
새틴s 310(3)
스트레이트s blanc(1)

새틴s 5(3)
새틴s 317(3)
체인s 5(3)
바스켓s 310, 317(6)
새틴s 5(3)

새틴s 310(3)
새틴s 3781(3)
새틴s 310(3)
2mm 비즈
새틴s 738(3)
스트레이트s
코스모 라메 col.7(1)
니시키토 32(1) 대체 가능
새틴s 3781(3)
새틴s 310(3)

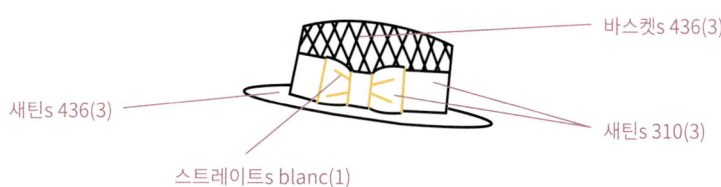

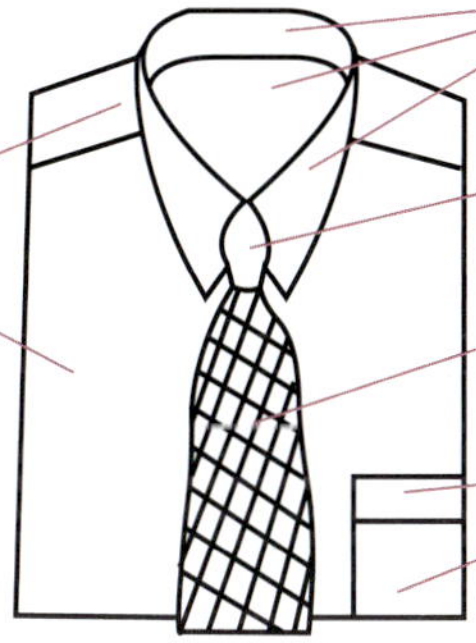

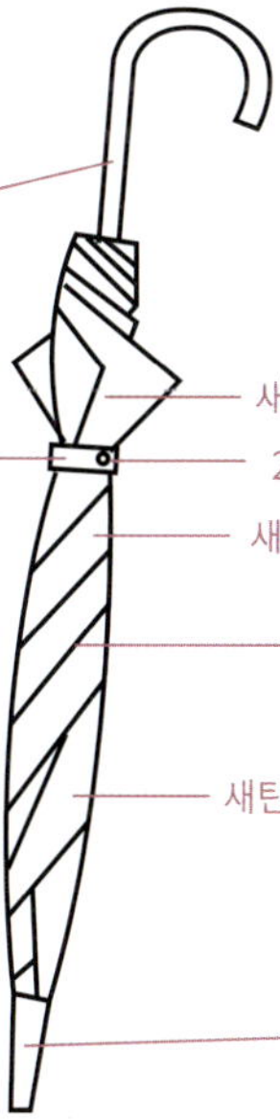

Christmas Card

크리스마스 카드

실

DMC 25번사 : ecru, 3371
애플톤 울사 : 158, 991

재료

린넨, 3mm 비즈, 종이(두께가 있는), 딱풀, 양면테이프, 알파벳 도장

*( ) 안의 숫자는 실의 가닥 수입니다.

화보 p.44~45

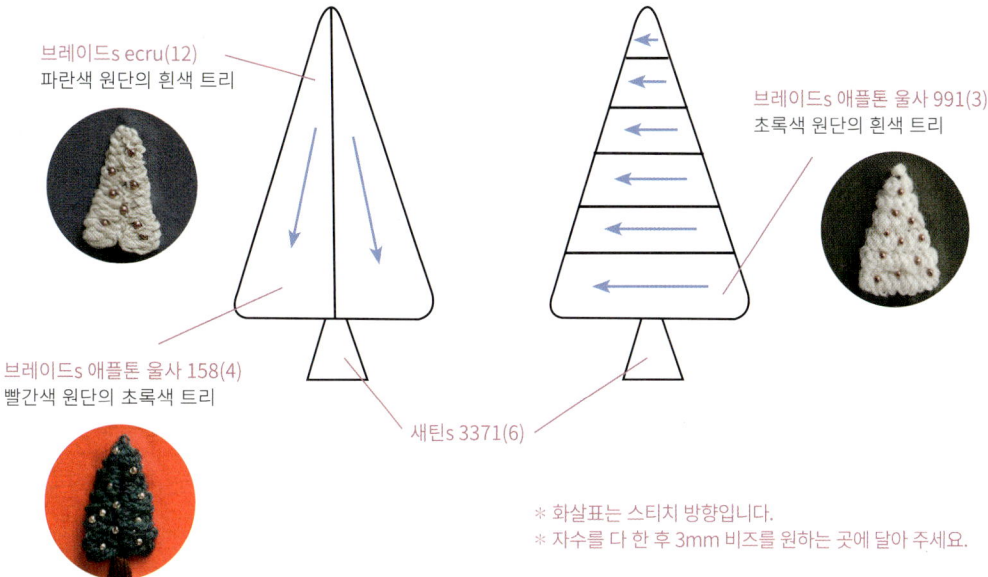

브레이드s ecru(12)
파란색 원단의 흰색 트리

브레이드s 애플톤 울사 991(3)
초록색 원단의 흰색 트리

브레이드s 애플톤 울사 158(4)
빨간색 원단의 초록색 트리

새틴s 3371(6)

※ 화살표는 스티치 방향입니다.
※ 자수를 다 한 후 3mm 비즈를 원하는 곳에 달아 주세요.

*HOW TO

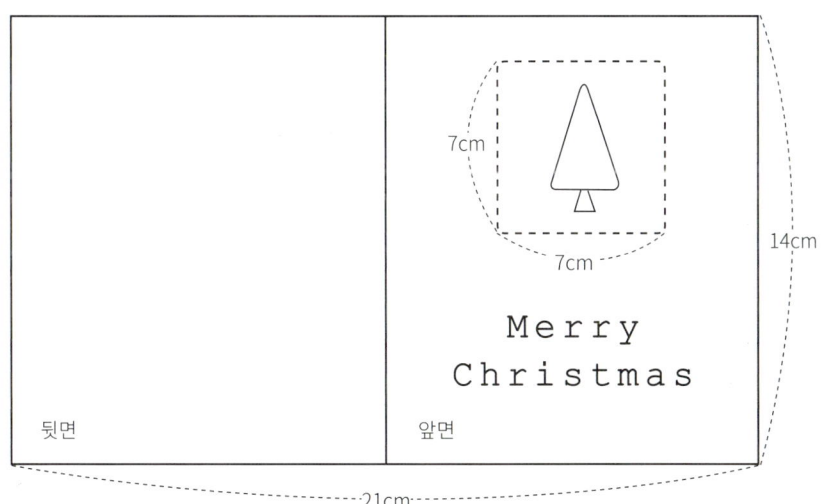

1. 린넨원단에 자수를 완성한다.
2. 자수가 가운데 오게 하고 원단을 가로 10cm, 세로 10cm로 자른다.
3. 조금 두꺼운 종이를 준비하여 카드 사이즈에 맞춰 자른다.
4. 자수가 보일 수 있도록 카드 앞면 가운데에 점선 사이즈에 따라 구멍을 낸다.
5. 카드 앞면 구멍에 자수가 보이도록 배치하여 놓는다.
6. 자수한 원단과 카드 뒤의 종이가 닿는 부분에 딱풀을 발라 붙여 준다.
7. 앞면 사이즈 10.5cm x 14cm 크기의 종이를 준비하여 자수한 뒷면이 보이지 않도록 카드 안쪽에 딱풀 또는 양면 테이프로 붙여 준다.
8. 알파벳 도장으로 카드 종이에 원하는 문구를 만들어 찍는다.

Snowy Village

눈 내리는 마을

🧵 **실**

DMC 25번사 : blanc, ecru, 158, 163, 169, 300, 301, 309, 310, 319, 347, 413, 414, 469, 500, 502, 518, 523, 580, 610, 677, 727, 730, 733, 739, 742, 780, 823, 890, 895, 918, 924, 931, 934, 937, 938, 3041, 3051, 3712, 3776, 3781, 3782, 3808, 3824, 3830, 3838, 3848, 3858, 3864

애플톤 울사 : 991

DMC ART 282, DMC ART 283

📌 **재료**

기계무명

*( ) 안의 숫자는 실의 가닥 수입니다.
*색이 다르게 표시된 라인은 해당 스티치로 자수합니다.

화보 p.46~47

100% 도안은 별지에 있습니다.

*DETAIL

- 롱앤숏으로 트리를 자수할 때는 비정형적인 방법으로 수놓는다. 일반적인 롱앤숏보다 긴 땀으로 자수한다.
  바늘이 뚫고 들어갈 때는 앞서 놓았던 실을 뚫고 자수해 준다. 방향은 위에서 아래로 자연스럽게 흐르듯 자수한다.

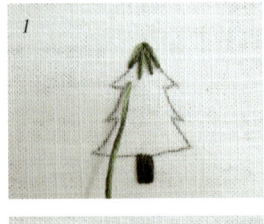 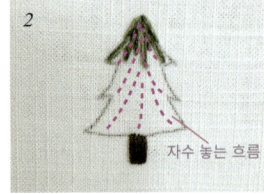  

* 브레이드 스티치로 길 위의 눈을 표현할 때는 바짝 잡아당기지 않고 느슨하게 감아서 엉성하게 자수 하여 쌓인 눈처럼 자연스러워 보이게 합니다.

* 나무를 자수할 때는 나무 기둥을 먼저 새틴 스티치한 후 나무 윗부분을 자수해 준다. 롱앤숏의 한 땀 길이를 길게 하여 자수하며 상세설명 사진을 참고합니다.

* 창틀을 자수할 때는 창문을 먼저 모두 새틴 스티치한 후에 스트레이트 스티치합니다.

* 백 필링 스티치로 집을 채울 때는 백 스티치 한 땀 간격이 좁은 부분은 새틴으로 채워 줍니다.

눈: 프렌치 노트s blanc(6)
스트레이트s 937(6)
휘프트 체인 새틴s 823(3)
바스켓s 918(3)
롱앤숏s 895(6)
백 필링s 780(3)
새틴s 158(3)
롱앤숏s 469(6)
롱앤숏s 500(6)
새틴s 938(3)
새틴s 938(3)
새틴s 414(2)
새틴s 727(3)
백 필링s 3824(3)
창문: 새틴s blanc(3)
창틀: 스트레이트s 918(1)
새틴s 3781(3)
창문: 새틴s blanc(3)
창틀: 스트레이트s 823(1)
창문: 새틴s blanc(3)
창틀: 스트레이트s 823(1)
브레이드s 애플톤 울사 991(3)

휘프트 체인 새틴s 934(3)
바스켓s 931(3)
휠s 924(3)
지붕: 새틴s 413(3)
스티치 후 노란 선 부분을
스트레이트s 한다.
새틴s 610(3)
휘프트 체인 새틴s 502(3)
새틴s 733(3)
스티치 후 노란 선 부분을
스트레이트s 한다.
창문: 새틴s blanc(3)
창틀: 스트레이트s 924(1)
새틴s 610(3)
새틴s 3808(3)
백 필링s 163(3)
백 필링s 3782(3)
문: 새틴s 934(3)
문틀: 스트레이트s 934(2)
백 필링s 3041(3)
창문: 새틴s blanc(3)
창틀: 스트레이트s 934(1)
브레이드s 애플톤 울사 991(3)
문: 새틴s 3782(3)
문틀: 스트레이트s 3781(1)

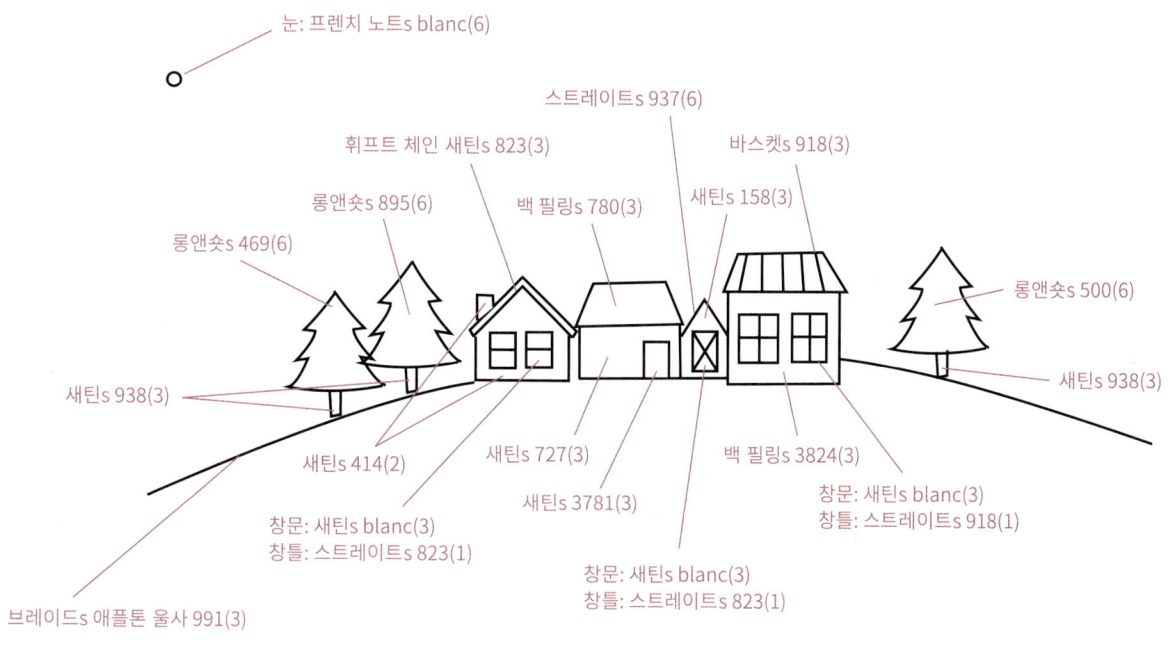

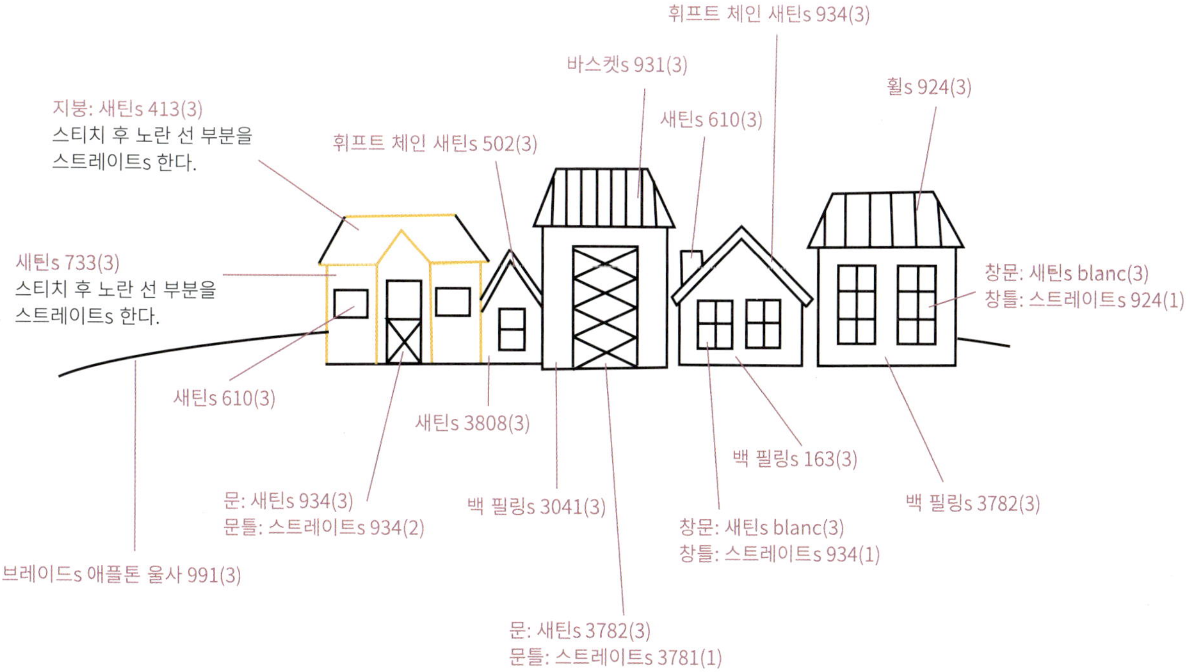

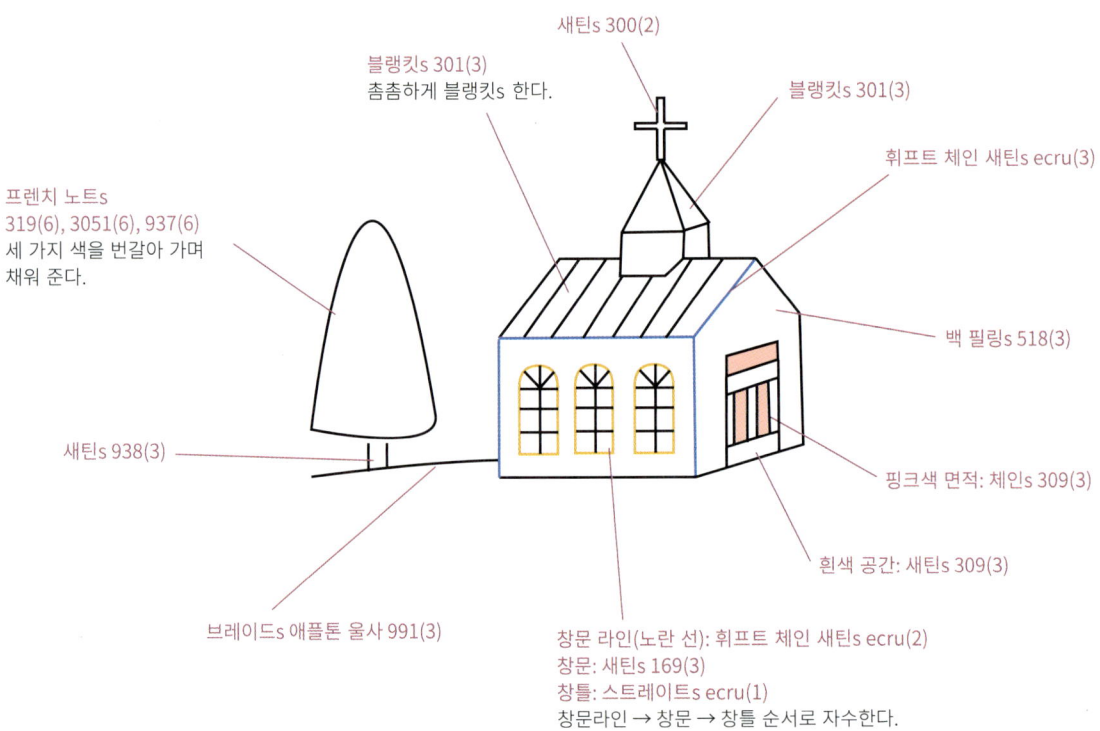

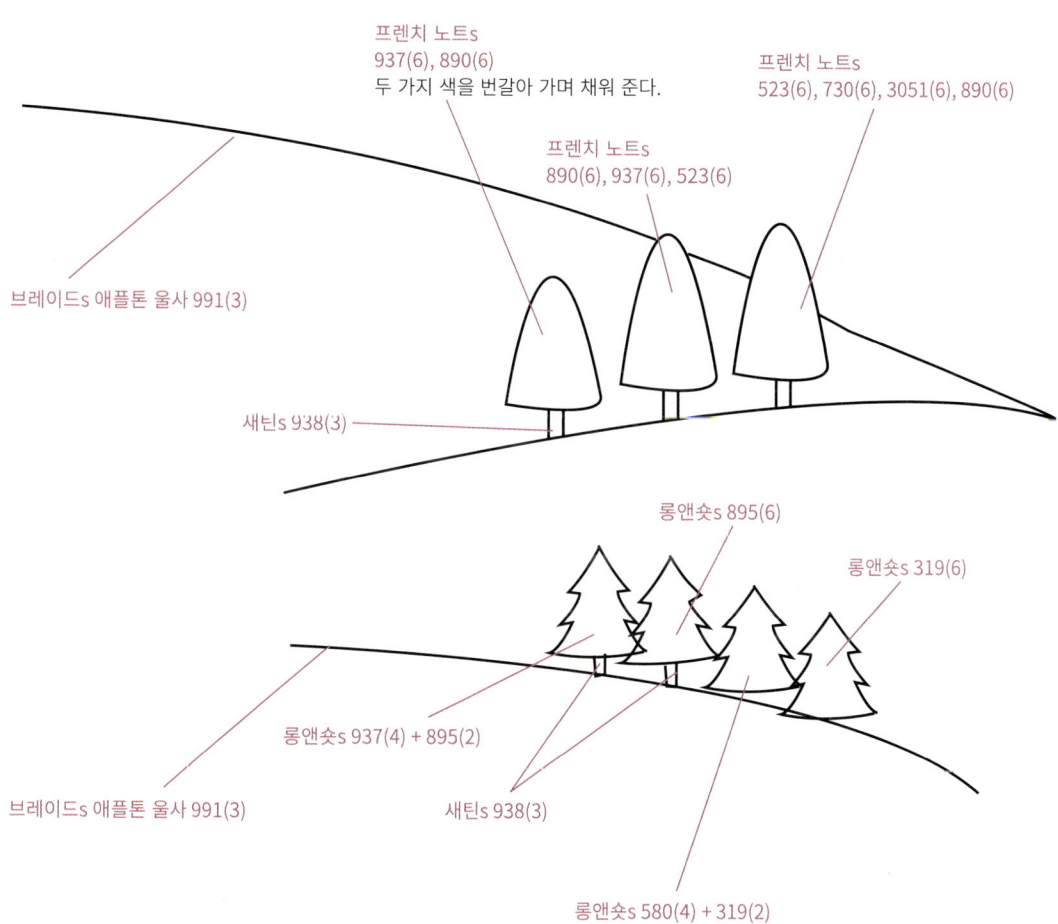

눈 내리는 마을
p.129

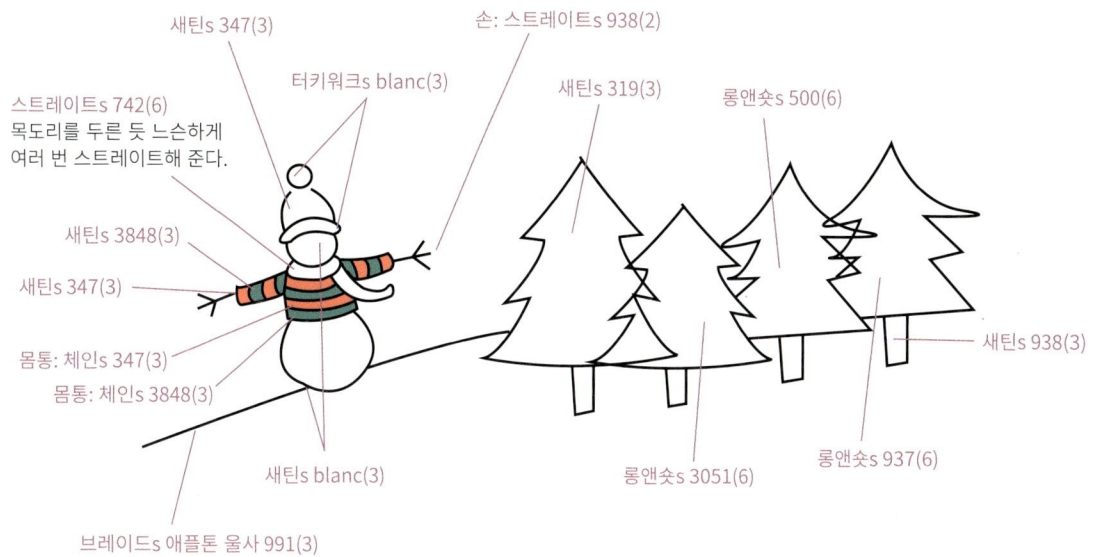

새틴s 347(3)
터키워크s blanc(3)
손: 스트레이트s 938(2)
새틴s 319(3)
롱앤숏s 500(6)
스트레이트s 742(6)
목도리를 두른 듯 느슨하게
여러 번 스트레이트해 준다.
새틴s 3848(3)
새틴s 347(3)
몸통: 체인 347(3)
몸통: 체인s 3848(3)
새틴s blanc(3)
새틴s 938(3)
롱앤숏s 3051(6)
롱앤숏s 937(6)
브레이드s 애플톤 울사 991(3)

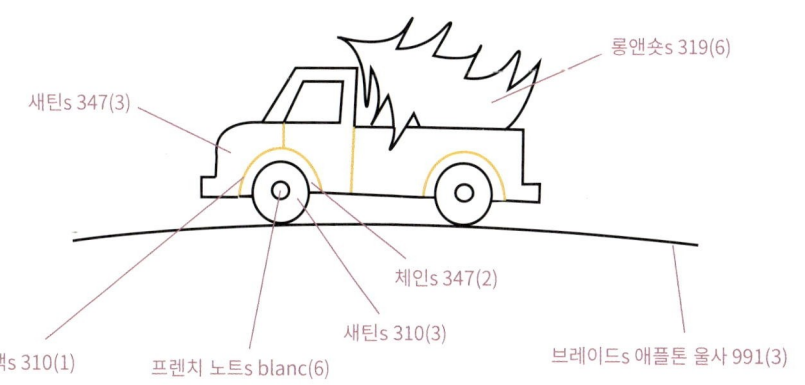

롱앤숏s 319(6)
새틴s 347(3)
체인s 347(2)
새틴s 310(3)
백s 310(1)
프렌치 노트s blanc(6)
브레이드s 애플톤 울사 991(3)

숲속의 오후 곰돌이의 티타임
p.83

조이스티치의 갖고 싶은 프랑스 자수
ⓒ 박동미, 2020

1판 1쇄 2020년 11월 30일
1판 4쇄 2025년 10월 10일

지은이 박동미
촬영협조 디어무이
발행인 조애신
편집 이소연
디자인 임은미
마케팅 전필영
경영지원 전두표

발행처 도서출판 토기장이
주소 서울시 마포구 동교로 71-1 2F
출판등록 1998년 5월 29일 제1998-000070호
전화 02-3143-0400
팩스 0505-300-0646
이메일 tletter77@naver.com
인스타그램 togijangi_books_

ISBN 978-89-7782-445-4

• 이 책은 저작권 법에 따라 보호를 받는 저작물이므로 무단 전재와 무단 복제를 금합니다.
• 이 책의 전부 또는 일부를 이용하려면 반드시 저자와 도서출판 토기장이의 동의를 받아야 합니다.

도서출판 토기장이는 생명 있는 책만 만듭니다.
"우리는 진흙이요 주는 토기장이시니 우리는 다 주의 손으로 지으신 것이니이다" (이사야 64:8)

※ 이 위치에는 본인의 이니셜이나 영문 필기체 이름, 새기고 싶은 글을 자수해 넣어 보세요.